JN035660

思い出すまま

わが父平井喜久松

平井喜郎

第一回文部省留学生
（右端　平井晴二郎）

北海道庁旧本庁舎

設計者である平井晴二郎の説明文

平井晴二郎還暦記念写真
（大正八年（1919）二月　詳細は巻末に記載）

RPIのホームページに
掲載されている祖父

ヒライドミトリーと
不肖の孫（喜郎）

ヒライドミトリー（右端）

祖父平井晴二郎の銅像
（戦時中供出　複製）

祖父の筆跡

札幌鉄道局前の銅像除幕式（昭和四年（1929）八月）

今、明らかになる平井父子の記録

汽笛一声とともに明治五年に開業した日本の鉄道は、間もなく百五十年の歳月を重ねようとしている。その日本の鉄道の歴史の中で、平井晴二郎・平井喜久松父子の存在はひときわ大きく輝いている。

しかし、世代交代の波は急速で、新幹線の生みの親とされる十河信二（元国鉄総裁）の名前すら知らないまま、鉄道に就職する新人もいる時代となってしまったので、十河よりも前の時代を担った平井父子に至っては、推して知るべしである。

鉄道界の重鎮と呼ばれる人々のうちの何人かは、遺稿集や追悼録、評伝、自伝などが出版され、今日でもその人物像を具体的に知ることができる。しかし、平井父子はその機会を失したため、当時の新聞記事や雑誌記事などの断片を拾い集めるしか術はなかった。「鉄道先人録」（日本停車場・１９７２）や「土木人物事典」（アテネ書房・２００４）といった辞典でも、平井父子は必ず収録されているが、それ以上の情報は一般に知られていないのが実状である。

しかし今回、平井家に保存されていた平井喜久松の記録を基に、平井父子の足跡をたどることが可能となったことは、鉄道史の研究にとって意義あることである。そこには、明治時代に日本の鉄道の基礎を築いた平井晴二郎、大正時代から昭和時代にかけて鉄道の隆盛時代を築いた平井喜久松の日常が描かれ、家族でなければ知ることのできない素顔を垣間見ることができる。市内に熊が出没した札幌の思い出、ボートに熱中した青春時代、見聞を拡げた海外出張など「思い出すまま」に綴られる数々の記録は、まさにその時代を生きた人にしか語ることができない貴重な証言でもある。

このような得がたい記録を残していただいたことに感謝するとともに、編纂にあたられた平井喜郎氏の労を多とするものである。本書を通じて鉄道の先人たちがどのような思いで鉄道に携わっていたかを知る機会となれば幸いである。

鉄道総合技術研究所
小野田　滋

目次

はしがき

平井喜久松（ひらいきくまつ）――少し時代がかった名前で武士よりも小僧が丁稚の方が似合いそうですが、百万石加賀藩の下級武士の子孫として明治十八年（１８８５）北海道後志（シリベシ）国手宮町（今の小樽市近郊）の鉄道官舎で生まれた父の名前で、時代がかった理由は大叔父にあたる樺木金（かばきこん）と言う方の幼名を受継いだからだそうです。両親の名は晴二郎とキヌ（旧姓牛窪、河瀬家養女）、私の祖父にあたる平井晴二郎は文部省第一回留学生として後の外務大臣小村壽太郎などと明治八年（１８７５）アメリカに留学し、帰国後に幌内炭田と小樽港を結ぶ北海道で初めての鉄道建設に従事していました。海を隔てた内地（本州）では十数年前から「汽笛一声」が鳴りひびいて、この年には十八歳の東大生夏目漱石が友人と江の島に行くのに新橋停車場（本屋は最近復元された博物館）から気軽に汽車に乗る程普及していましたが、北海道では開拓使が招いたアメリカ人地質技師ライマンが幌内煤田（炭田）開発を提言し、同じアメリカ人のクロフォード技師や祖父たちが道内最初の鉄道建設に力を尽し、父の生まれる三年前の明治十五年に漸く開通して、アメリカ式カウキャッチャーを付けた機関車「弁慶」「静」などが人と熊よけの鐘や汽笛を鳴らして走り始めていたという事情が背景にあります。

この頃維新の元勲西郷や大久保などはすでに世を去り、一人残った伊藤博文公が初代の内閣総理大臣に就任するところで明治憲法の発布までは数年、日清日露の戦争は十年二十年も先という時期ですが、北海道庁の設置は父の生まれた翌年明治十九年（１８８６）で、祖父晴二郎の本職は土木ですが建築も手がけ赤レンガの道庁庁舎は祖父の設計と言われています。鉄道の開通と相まって北海道の開発が漸く軌道に乗り始めた時点と言う事になります。

さて、父は兄弟姉妹八人の中では三男なのですが土木を専攻し、祖父の衣鉢を継ぐ様な形で鉄道省（現ＪＲ）で勤務した後、戦時中には満鉄（南満州鉄道）副総裁を務めましたが、昭和四十六年（１９７１）八十五歳で死去しました。その遺品を整理中に「思い出すまま」と題した原稿を発見しましたが技術者かたぎの父は口数少なく特に自分自身については多くを語らず、この遺稿の事は聞いた覚えがなく出版の意向も測りかねたものの校正した跡がかなりあるので、その気はあったものと考えられます。以来かなり時間が経過しましたが文字通り「札幌の町中に熊が出る」経験をした明治初期の少年時代、鉄道省から派遣され祖父と同じ大学で同じ学位を得たアメリカ留学、これも祖父と同じ中国北京や旧満州国（現中国東北）での駐在経験など得難い記録を含む折角の遺稿を、多くの方に読んで頂ければと思い立った次第であります。ただ残念な事に、多忙な現役生活を死ぬ直前まで続けていた父の遺稿は時代的には断続しており、欠落した部分も多くあって出版をためらった理由でもあるのですが、息子の至らぬ筆ながら欠落を埋め解説を付ける事により出来るだけ父の生涯を復元する様努力した積りであります。もし興味を持って読んで頂けるなら私にとりこれにまさる喜びはございません。

平井喜郎

平成二十八年十月三十一日

一　幼　時

これは、自分の記憶ばかりではなく、後に母などから話して貰ったことも混じえての話しであるが、自分の記憶にのこっておる一番古い出来事は、恐らく四歳ぐらいの事であったのではないかと思う。

当時両親は、大坂の木綿屋橋の傍らに住んでいたそうであるが、家から狭い路地を通り抜けて表に出ると道路があり、道路に沿って相当に深い掘割りが流れており、川沿いには木の柵があって、その木柵につかまって川面を眺めていた記憶がある。これが、私の記憶として残る最初のものである。

当時父は、リウマチスに悩まされており（その当時の治療法としては、痛む足に重量をかけて硬直させるほか無かったそうで、そのため父は終生片足は硬直したままになってしまった）幼ない子供達の騒々しさが、父の病苦を募らせるのを恐れた母の思いやりで、時おり表に出されたのではないかと想像される。

父は、外国から帰って以来、北海道と大坂とを掛け持ちで鉄道の建設をやっており、当時から後々まで家に出入りしておられた方々の一人に、横井速雄という方がおられた。福井県の出身で、格式ある家柄の人と言われたが、技術者で測量師でもあった。

ご夫妻の間に子供がなく、私を非常に可愛がられたらしく父の病中、私は一時横井家に引き取られていたらしい。人々が面白がって私に名前をきくと、横井喜久松と答えていたそうである。この横井さんの家は、今の大坂造幣廠の近くにあったのではないかと思うが、木綿屋橋の家から横井さんの家に行くのに人力車で、横井夫人の膝に抱かれて、土手の上を走った事が記憶に残っている。

その頃私は室の壁土を好んで食べたそうで、何をしているのと聞かれると「カベツチ」と答えて壁に穴をあけては食べていたそうである。何か身体に故障でもあるのか、また身体に悪い影響でもありはせぬかと医師に相談された所、身体がそれを要求するのだから心配には及ばぬと言われたそうである。

家族のことを記すと父は晴二郎、母は絹子、私はその三男として北海道後志(シリベシ)国手宮町で生まれた。母から聞いた所では手宮の機関庫から小樽に行く線路沿いの、二階建ての鉄道官舎で生まれたという事で、後年になって行って見た事があるが、それに該当する家は、その当時なお残っていたように記憶している。

父は最初、杉　亨二の次女陽子と結婚し長男武雄が生まれたが、間もなく陽子は死去されたので義兄にあたる手島精一氏（その夫人が杉　亨二氏の長女）の媒酌により河瀬秀治の養女絹子（牛窪松軒の三女）と結婚、次兄文雄以下四男三女が生まれた。

明治八年（1875）第一回文部省留学生
（後列右端平井晴二郎）
（「古市公威とその時代」から）

手宮「鉄道機関庫」（1885）

父は、文部省第一回外国留学生—小村寿太郎、原口要、鳩山（三浦）和夫、古市公威、長谷川芳乃助、斎藤修一郎、菊池武夫、平井晴二郎の八名（注：解説参照）—の一人として渡米した。ニューヨーク州北部のトロイ(Troy)にあるレンセラー工科大学(Rensselaer Polytechnic

Institute 通称ＲＰＩ）を１８７８年に卒業して Civil Engineering（土木工学）の学位を得た後、欧州を回って帰朝し、同じＲＰＩを二年前卒業した先輩にあたる松本荘一郎氏の勧誘によるものと思われるが、北海道開拓使の鉄道技師となっている。

鉄道技師として父は、Joseph U. Crawford 氏、先輩の松本荘一郎氏とともに北海道の手宮―幌内間の鉄道線路建設に従事し、また大坂―奈良間の大坂鉄道建設も手掛けている。

従って住居も、札幌、手宮、大坂と転々とされたわけで、これに伴なって長兄の武雄（明治十五年八月生）は札幌で、次兄文雄（十七年十二月生）と私（十八年十一月生）は手宮で、弟妹のうち秀雄（二十年八月生）も恐らく手宮、鹿子（しか）（二十三年八月生）と総子（ふさ）（二十四年十二月生）、雪子（二十六年十一月生）は札幌で、そして末弟の晴雄（三十年七月生）は、東京で生まれている。

一　幼時について

昨年（２０１５）は父の生誕百三十年に当ります。遺品の中からこの遺稿を発見した事は驚きでしたが書出しに大坂が出てきたのも驚きで、技術者かたぎの父は口数の少ない人でしたが芦屋など関西の親戚を私と訪問した時にも大坂に幼時の記憶があるなど聞いた覚えはありません。木綿屋橋の現場検証も今となっては無意味と考えやめにしました。父の技術者気質は自身の欠陥など全く隠さぬ所にも発揮されており、壁土を食べる一種の奇癖や夜尿症（おねしょ）も…実は私自身にもありさては遺伝かと苦笑しました…ありのままに語っています。科学者は現実を正確にデータとして捉えてから議論に入る必要があり自分自身が対象でも変らない、と言えばそれ迄ですが私はこれにも感じ入りました。

祖父平井晴二郎が第一回文部省留学生として出発する前明治八年（１８７５）の写真を転載してありますが、父が人数を八名と記しているのは誤りでこの写真に写っている様に正確な人数は十一名、松井直吉（化学）南部球吾（採鉱）安藤清人（鉱山）三名の方々が脱落しています。十一名のうち九名まで留学先はアメリカ、古市公威さんはフランス、安藤清人さんはドイツに行かれています。同期生では外務大臣になった小村壽太郎さんが一番有名ですが、十一名のうち土木専攻者が三名（古市公威、原口要、平井晴二郎）も含まれていて明治政府が外国から実学の技術吸収に力を入れた意図が窺えます。なお古市さんの留学先はフランスですが、原口さんは祖父と同じ米国レンセラー工科大学で同じ学位を取得して帰朝され、後年には同じ鉄道畑に入られています。

小樽近郊の手宮は古代文字の洞窟で有名ですが、赤レンガの道庁と並んで祖父の設計と伝わる炭鉱鉄道機関車庫（父の生誕と同年明治十八年に完成）は現在も残っており幼時の父も恐らく目にしていた筈で、「二階建て官舎」もかなり近年まで健在だったそうです。

二　小学時代

私が最初に入った小学校は、札幌の大通り北にあった「創成小学校」である。それは明治二十四年（1891年）のことで、当時は家も札幌大通り北、幾分西よりにあったので、そこから通ったのであろうが、この家の記憶はあまりハッキリしていない。一年の時に苗穂に新しい家が落成して、そこへ引越した。この家は札幌製糖会社の近くにあった。苗穂から毎日大通り北の学校まで通ったのであるが、帰りにひとりで歩いて帰った時のことは覚えているが、行きはどうして行ったかあまり記憶にない。ただ、冬に雪の中を馬橇にゆられた記憶はあるから、雪のない季節には兄弟三人で馬車にでも乗せられて通ったか、あるいは誰か家の人に引率されて通ったものかも知れない。

苗穂の家はなかなか大きな家で、家族も大勢であった。両親と子供六人、それに祖母茂子、叔母（母の妹）の宮（みや）（のちに朝倉傳次郎の妻となる）も。父は毎日馬車（アメリカから取り寄せた華奢な軽馬車）で通勤していたので馬も二頭おり、広田久太郎という御者がいた。家の普請はあらかた片付いていたが、なお手を加えてもいたので、三浦吉郎太という大工がおり、鶏、兎、それに犬などの家畜の世話や、その他の雑事をする「じいや」の橋本定次郎夫妻、その子の熊太郎、また書生として、後に陸軍中将となった大村斎さん。我々子供は小さいので、女中が三人くらいいた。その中には後に久太郎（御者）の妻になった「わさ」もいた。この大家族の切り盛りをした母の苦労は、大変だったと思う。

庭には小川が流れて、池には魚が泳いでいた。この小川にある冬、鮭が上がって来た事がある。鮭といえば一度、石狩川口の石狩に鮭漁を見にいったこともある。当時、石狩川を遡ってくる鮭の量は大したもので、大げさにいえば川一杯に鮭が群れをなして遡ってくるといってよい光景であった。漁師は色とりどりのドテラの様なものを着て、浅瀬にはいって鮭を岸に追い上げるのである。川岸では大勢の人がそれを小屋にはこび塩漬けにするので、忙しく立ち働いていた。

ある朝、じいやが鶏小屋の上で「クマだ！　熊だ！」と怒鳴っている。我々子供は学校に行く前で、窓から見ると一頭の熊が塀をとびこえ、一目散に庭を突っ切って裏の川を渡り製糖会社の方に走り去った。ほんの一瞬のことであったが、皆身を縮め息を飲んだ出来事であった。後で庭に出てみて、その足跡の大きいのに驚いた。聞けばこの熊は、札幌の南郊外円山方面から町を横切り、苗穂に来たそうで、当時の札幌の町がいかに淋しい所であったか想像できよう。

その頃は今の大通りの時計台から北六条の鉄道線路までの間は札幌農学校の敷地で、校舎は時計台の周りに固まっており、鉄道線路寄りの方は運動場になっていた。農学校の運動会は町の大きなイベントの一つで見物に行ったが、競技は今のように多種多様ではなく、ほとんどは只の競走で、たまに障害物競走が加わっていた位のものであった。

今の北海道大学の敷地は当時は農学校の付属農園で、乳牛などが飼われており、毎朝早く農場から缶にいれた牛乳を我々の登校前に取ってくるのが、書生の大村さんや吉郎太の仕事になっていた。

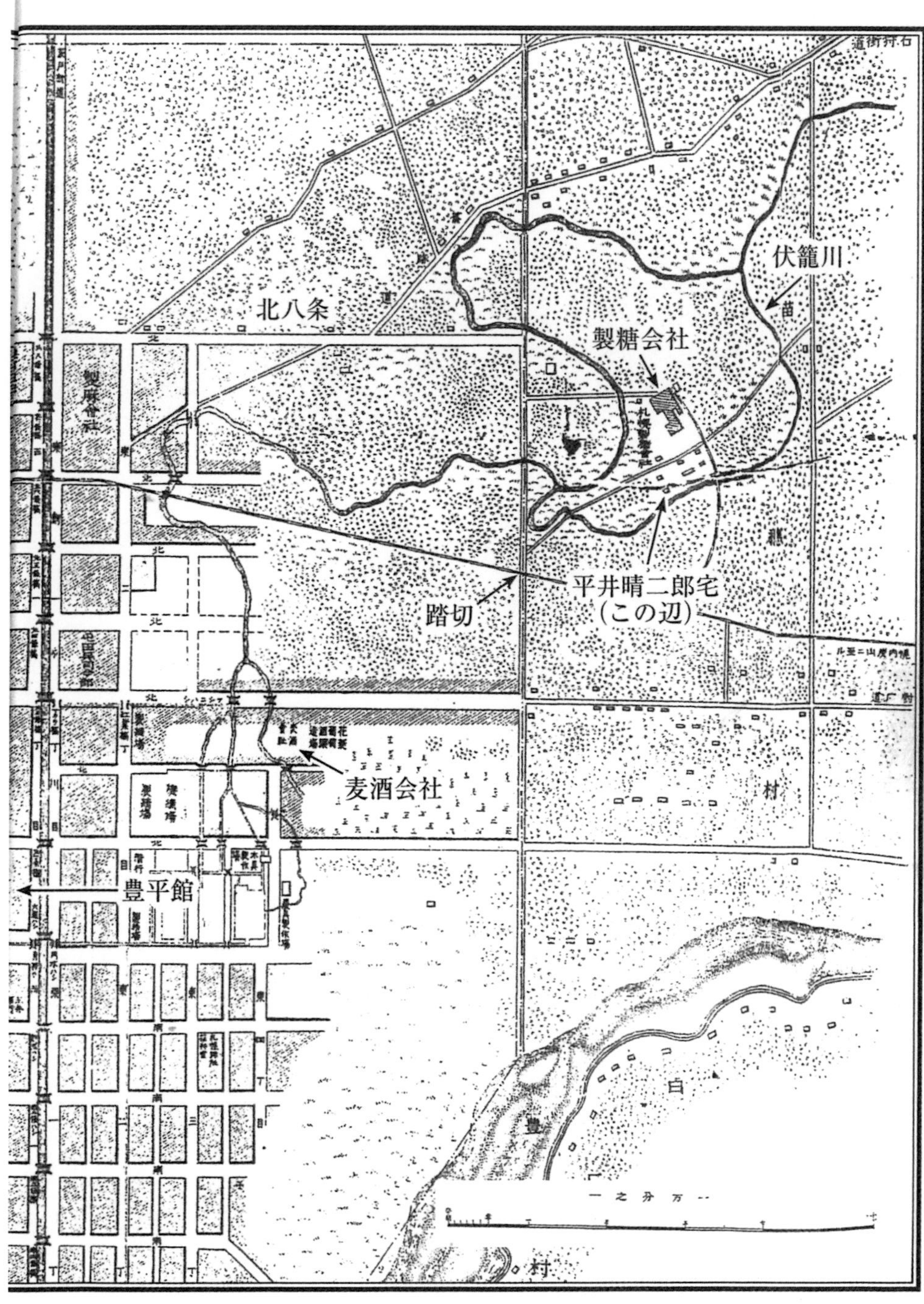
伏籠川
北八条
製糖会社
平井晴二郎宅
（この辺）
踏切
麦酒会社
豊平館

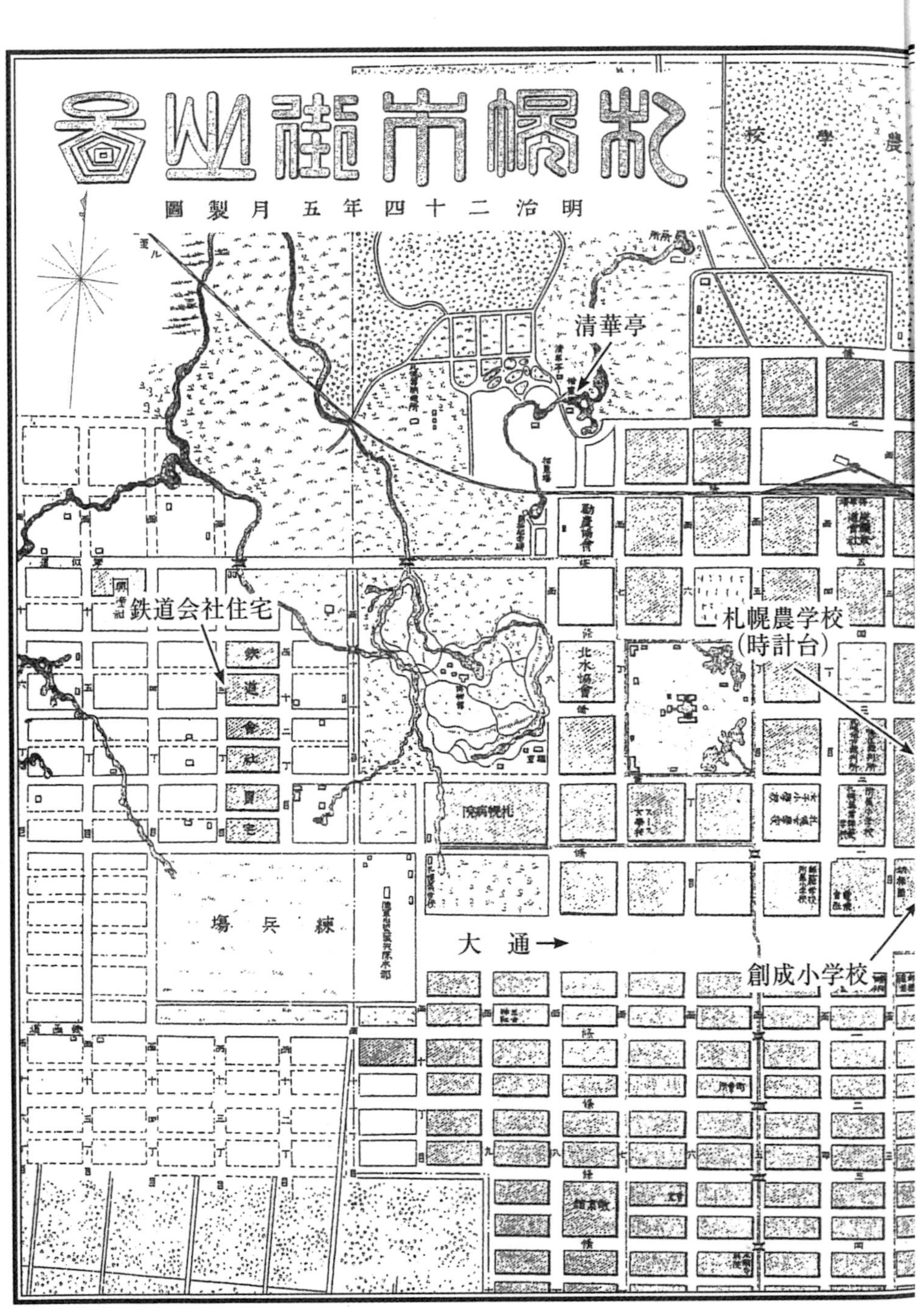
札幌市街之圖
明治四十二年五月製圖
農学校
清華亭
鉄道会社住宅
札幌農学校
(時計台)
練兵場
大通→
創成小学校

札幌では有名な豊平館というのが、大通りにあった。明治天皇が明治の初年頃、初めて北海道に御巡幸された時に、宿舎として使用された二階建ての洋館で、その頃はホテルとして使われていたようである。そこに叔父にあたる杉　文三という米国コーネル大学出の工学士で、農学校の教授をしていた人（後に鉄道院技師となり、橋梁の設計者として有名になった）が泊っておられたので学校の帰りに時々ご機嫌を伺いに行ったが、豊平館に行くと実にうまそうな料理の香りがするので、実はその香りを嗅ぎに行ったようなわけで、時には文三さんから焼きたてのビスケットなど御馳走になるのが楽しみであった。

父は当時北海道炭鉱鉄道の技師長で、会社の社屋は札幌駅の向かって左側にあった。たまには父の馬車に乗せて貰って会社まで行ったことがあるが、当時の機関車は有名な「義経」とか「弁慶」とか「静」などであったのだろう。ともかく踏切を通る時にはチャラン

豊平館（中島公園移築後）

チャランと鐘を鳴らして走るので、すぐ汽車の来るのがわかった。一度だけ機関車にのせて貰ったが、石炭をくべる度に熱い煙りが出てくるので閉口した覚えがある。

札幌での思い出には、やはり冬の事が多い。人通りの多い道や、馬橇の通ったあとは雪が踏み固められているから足を取られる事はないが、ある日学校からの帰り道ひとりで麦酒(ビール)会社の方を回って帰ってきたが、表通りから折れて家に向かったところが余り人通りの無い道なので、自分の胸までとどく雪がつもり、大人が一人だけ通った足跡がある。その大股な足跡に、なんとか自分の足をいれて進む外に方法がなく大変な苦労であった。おまけに途中に鉄道の踏切もあり、汽車が来そうで気が気でない。通りつけない道は決して歩くものではないとつくずく思い知らされた。

また冬には、子供はみな、麻裏草履の裏に竹をくくりつけて雪の上を滑るのが楽しみであった。上手な者は下駄の裏に金物をつけて滑ったが、我々くらいの年頃のものは草履組であった。それでも馬橇の通ったあとの、固まった雪の「わだち」の上にのった時は相当の距離を滑れるので、得意であった。

夏休みには、子供達は海水浴のため今の輪西に当る「エトスケレップ」に行かされた。当時鉄道は室蘭の町までは通じておらず、エトスケレップが終点で、そこには海に向って桟橋が突き出しており、石炭を積み出していた。その桟橋のたもとに社宅があり、その中の一軒に預けられた。海では潮がひくと付近一帯は干上がり、浅瀬に残る水溜まりには「ゴリ」という小さな魚やカニなどが取り残されておるので、それを漁るのが楽しみであった。海水浴といっても別段水泳など教わることはなく、浜遊びをして日光浴をさせられたのである。

室蘭については、一家が北海道から東京に引っ越した時の思い出がある。その時は兄弟は七人で、私は小学の三年生、一番末の雪子は父が東京へ単身赴任した後で生まれたので生後いくばくも経っていなかったが、冬の十二月になってのことで、一家を連れての引っ越しは母にとっては大変な苦労であったと思う。札幌から汽車でエトスケレップに着いた時はすでに日は暮れていた。馬橇に荷物と一緒に分乗して室蘭の町まで行くには山越えで約一里、４キロの行程である。橇で揺られて行くのはなかなか楽ではない。ことに夜道であるし雪道だからますます良くない。途中で度々荷物が落ちてしまう。我々を見送るといって同行した中に、坪内卓次郎という親戚の人がいたが、既に酔っていて、大声で歌ったりしているのは未だよいとして、度々馬橇から落ちるので一行の速度はますます遅れ、引率者をてこずらせた。その翌日汽船に乗り込んだ時も、坪内さんは沖がかりの船まで見送りに来たのはよいが、酔っているから汽船がもう出るというのになかなか腰を上げない。「坪内さん船がでますよ」などと自分自身で怒鳴っているが、埠頭に戻る船には乗ろうとしない。船員たちに抱えられて漸く下船していったのをおぼえている。

汽船は幾トン位あったのか判らないが、室蘭―青森間を運航していたのだから、大したものでは無かったろう。それでも我々の部屋はトモの丸くなった所にあり、大きな船だなあと感心したのを覚えている。

当時の機関車「弁慶」号
(旧交通博物館保管当時)

青森からの汽車は一等車で、冬のこととて床に湯タンポが置いてあったが、これを途中の駅で取り替えては暖めたものである。一番困ったのは、車に便所があったのかどうか判然としないが、途中チョイチョイ止まる駅でホームにおりて用をたす事である。大勢の子供が一斉に降りるから、マゴマゴしていると乗り遅れるものが出る恐れがあり、世話をする人の心労は一通りではなかったと思う。

東京では、先に上京していた父が用意した家に落着いた。その当時は本郷元町といった所で、水道橋の近くの丘の上にあった。水道橋のすぐ本郷よりの東角には、四国高松の殿様、松平さんの邸宅があり、金比羅さんの神社が邸内にあった。

水道橋から西よりは小石川区（現文京区）で、今の後楽園の所は砲兵工廠になっていた。松平さんの屋敷の東よりに、余り道幅の広くない急な坂道があって、その坂を登り詰めた所に家があった。坂の下には中野武覚さん（後に東京商工会議所会頭）の家があった。丘の上の家だから見晴らしはよく、正午を知らせる午砲が宮城で撃たれるとその煙が立ちのぼるのがよく見えたし、また真下の神田川には、その昔江戸城に水を送った水道の樋だけをのせた橋が見え、雪の時はその樋の屋根の上に積もった雪が、ひときわ白く光った。

学校は、父の友人の古市公威さんとか、桜井碇二さんなどの子供さんたちが皆、当時は一ツ橋にあった高等師範学校附属小学校に通っていたので、そこが良かろうということであったらしく大村さんに連れられて行き、入学試験か面接をうけたはずであるが、あまり覚えていない。私はすでに小学校三年の課程の大半を終えていたのだが、翌明治二十七年（１８９４）三月から小学三年に編入された。同様にして兄の武雄は六年、文雄は四年に、弟の秀雄だけは損をせずに、二年に編入された。

担任の先生は遊佐先生といって、立派な関羽髭をたくわえてなかなか厳格な方であった。ある時先生が突然私の席の所にきて、私の算術のノートを取り上げ高々と皆に示し、私は何が起こるのかとビックリしたが、「皆もこの様に書きなさい」と言われた。紙面一杯に算式が書かれてあったので、先生は私の書き方を、紙を大切に使い無駄がないと褒められたのであったが、私はむしろ内心、自分がいかにもケチンボに見えるのではないかと赤面した次第である。

附属小学校一橋校舎時代の
全校職員（明治三十四年）

同級には高嶺俊夫、桜井時雄、中野覚三、荘田雅雄などの諸君がいて、皆本郷・小石川方面から通っており、兄文雄の級では中野武二、古市六三、高木　健などの諸氏がやはり同じ方面から通っていたので、帰りにはその内の誰かと一緒になり自然と仲良しになって、後には仲間で同人雑誌を作って回覧したりした。

間もなく家は、丘の上の元町から、壱岐殿坂上の元町の角の家に引っ越した。この家は兵庫県知事になった服部一三という人が住んでいたのだそうで、土蔵や離れ座敷などがついた、なかなか広い家であった。この時、ドイツ人でカール・イリスという人が、ドイツ製の精巧な、ネジで走る汽車の玩具を贈ってくれた。イリスさんは大阪にいた頃、我々子供を大層可愛がってくれた人だそうである。当時としては珍しい玩具なので、友達が大勢集まってきて、広い離れ座敷にレールを敷きまわし、ポイントで方向を変化させては走らせて遊んだものである。

小学の五年になった時、こんどは家は汐留の鉄道官舎に引っ越した。この家は現在の（注　この原稿執筆当時の）国鉄東京第二工事局の建物のあるブロックの角にあったもので、雇い外国人のために造った洋館と、それに継ぎ足した二階建ての和室などがついており庭も広く、今までにない大きな家であった。恐らく敷地が五百坪（１６５０平方米）、建屋は八十坪（２４４平方米）くらいはあったであろう。この家で私は小学校の終りから、中学、高等学校、大学と学生生活の大部分を過ごした事になる。

我々の引っ越した当座は、家の裏から鉄道線路までの間は空き地で、馬車鉄道の車庫が近くにあって、その馬を訓練する所になっていたので水溜まりが多く、夏になると大量の蚊が発生した。夕方には蚊の大群が渦をまいて玉のようになった所を、虫とり網で一網打尽にからめ取り網の底に集まった蚊を握り潰して始末せねばならぬ程に激しいものであった。また九月になると、葡萄棚に沢山のカナブンブンが集まってくる。夕方に棚を揺さぶると数十匹も一度に落ちてくるので、それを足で踏みつぶすのが、残酷な話であるが楽しみであった。

家の横の道をたどり、鉄道線路の下をくぐって浜に出ると、丁度浜離宮の南端にあたり、右側は芝離宮の門になっていて、そこの護岸の石垣ではウナギがとれた。今の都会では味わえない自然の恵みが、手近かなところに沢山あったという事である。

その頃の夏休みには、文雄兄と私は品川東海寺の先にあった、母方の伯父にあたる河瀬秀治（かわせひでじ）という人（幕末には木戸考允等とともに国事に奔走、後に農商務省商務局長、退官後は富士製紙会社の社長）の家に預けられた。この河瀬家も広い邸宅で、庭には蓮池がありトンボとりなどした。またこの家には沼野憲三という、東京高等工業学校の生徒の人が書生をしており、昼はその人に連れられて、田んぼのあぜ道を伝わって鈴ケ森の海岸まで海水浴に行くのが日課で、夜は沼野さんや、後に田辺勉吉という人に嫁がれたお米（よね）さんという叔母さんと遅くまで応接間でトランプをやっては、祖母に早く寝なさいと叱られた。私は小さい時から夜尿をするくせがあり、昼の海水浴で冷えるせいか毎夜のように粗相をしたが、私らを世話したお米叔母さんは全く気付かぬような態度で、少しも咎め立てなどされなかった。今でも頭が下がる思いである。

この河瀬家には夏休みばかりではなく、よく日曜日など遊びにいった。ことにその後間もなく長男の春太郎さんがアメリカから帰国されて、現在の国鉄（ＪＲ）大井工場になっている所に妙華園という日本最初の西洋草花の栽培所をはじめられてからは、その造園、また草花を買いにくる人の案内や販売のお手伝いをしに、よく出掛けたものである。この妙華園に行くには東海道線と、今の山手貨物線の二つの線路を越えて行くのであるがあたり一面は田んぼで淋しく、よくお百姓がキツネにだまされて、夜中に田んぼの中を歩きまわったり、あげくは下肥の溜まりに投げ込まれた、などの話を聞かされた。

汐留の家に越してからは、学校へ行くには毎日、土橋・数寄屋橋見附・丸ノ内・一ツ橋見附と往復とも約一時間の道のりを歩いて通った。当時丸ノ内は三菱ケ原といって、三菱一号館と高田商会という二つの煉瓦造りの建物があるだけで、三菱一号館の一階、多分三菱銀行の正面の壁には、大きな扇子に「おかめ」の面をつけたものが飾ってあった。今の郵船ビルのあたりには小山があり、数本の松が生えていたが、その松の木には時折り「クビツリ」がぶらさがっていたりして、余り気持ちの良い所ではなかった。和田倉門から呉服橋まで掘割りが出来ていて、お堀の水は和田倉門から滝のようになって掘割りにそそぎ、日本橋の方の外堀に通じていた。

和田倉門の外側に憲兵司令部があり、そこから一つ橋見附までは、今のように堀ぞいの道が通じていた。ある日の午後、学校からの帰途、お堀沿いに今の気象台のあたりまで来ると、向うから馬車の形はしているが馬のない車が、大変なスピードで走ってくる。見ると外人が、御者台にのっている。これが、私が自動単なるものを見た最初であり、たぶん、明治二十八年（１８９５）頃のことである。

小学校から中学の初級の頃にかけては、文雄兄とよく両国の回向院に角力（相撲）を見にいった。回向院の相撲場は小屋掛けで、木造だった両国橋を渡ってすぐの右斜めに入る小路の奥にあった。当時の横綱は小錦で、朝汐とか逆鉾とかが上位にいた。加賀(石川県)出身の若湊というのが前頭三—四番目ぐらいの所にいて、父の生国出身という事で贔屓にして、汐留の家に呼んで酒食を供したこともあるが、どうもよく負けるので歯がゆく思った。家に来た時は図体が大きくて、酒はガブガブ飲むし良く食って、常人の三四倍は飲み食いするのにどうして負けるのかと不思議に思った。

自然、我々も家ではよく相撲を取った。大抵は内玄関の三畳が土俵で、当時三浦の吉郎太が築地の工手学校に通っていたが、昼間は三畳の書生部屋におり、私と文雄兄とが相撲を取る時にはキチ（吉郎太）が行司役を務めるのであるが、子供同志でもなかなか力は入るので、よく障子の桟を折ってしまっては、お小言を頂戴した。

二　小学時代　について

札幌で父が小学校に入学した年、明治二十四年（１８９０）の札幌市街図を見ると、創成小学校、鉄道会社宿舎、豊平館（中島公園に移築され現存）、麦酒会社、製糖会社などがハッキリ分り父が雪道を一人で心細く歩き踏切りを渡って帰宅した道すじ、たどりついた祖父一家の「苗穂の家」も大体の見当はつきます。この頃のまばらな町並みでは熊が歩き回っても不思議はないし（当時人口は数千と今なら町か村並み）今の北大キャンパスを流れる小川にも昔鮭が上がったと聞いた事があり、伏籠（ふしこ）川に近い庭の小川に上がっても当然と言えるでしょう。父が上京して入った東京高等師範附属小学校（現筑波大附属小学校）は私の母校でもあり、昭和四十八年（１９７３）刊行のその百年史にある一橋校舎時代の全校職員の写真には関羽髭の先生も写っておられますが、確認するすべはもうありません。

三　中学時代

東京高等師範学校附属中学校の校舎は、御茶ノ水の本郷側にあった。今のお茶の水橋を渡った突き当りから左側は女子高等師範学校の敷地になっており、その右側、湯島聖堂までの間が高等師範学校の敷地で、校門を入った突き当たりの「本校」高等師範の校舎は立派な煉瓦作りの建物であったが、附属中学の方は道路沿いの塀にくっついて建てられた、やや見すぼらしい木造二階建ての校舎であった。

附属小学校の時は、一学級四十人位の一組だけであったが、中学では附属小学校以外の学校から試験を受けて入った人を加えて一学年二組にわかれ、一年から五年まで都合十組が狭い校舎に各々一室ずつあてがわれていた。一年生は一階の一番奥に、廊下をはさみ向かい合って陣取っていた。上級になるに従い段々二階に上がるようになっていた。

中学になって変わった事は、桐陰会という生徒だけの会があって、各学年からそれぞれ委員を選び、五年生の委員が各部会の委員長格となって雑誌を出したり、文芸会などをやっていた。運動部も端艇（ボート）部、柔道部、剣道部、テニス部など出来ていた。金額は忘れたが各自から何がしかの会費を徴収して会の運営にあてていた。私は一年の時に、この会計係の委員をおおせつかった。委員長は五年生の松山晋二郎さんで、この人は高商（現一ツ橋大）を出て後に外交官となり、在外経歴の長かった人だが、優しい人であったから仕事は楽な方であった。

私は一年生の時から端艇（ボート）部に入り、土曜日曜ごとに隅田川に漕ぎにいったが、艇は隅田川近くの神田川べりにあった野田屋という船宿に繋いであり、飛龍（稚龍？）とか雛鳳（鳳雛？）という名前であったかと思うが二隻であった。三年の頃であったと思うが、一時深川の岩崎別邸に繋いであったボートを使わして貰った事がある。その別邸というのは今の清澄公園になっている所で、瀟洒な建物があり、隅田川から掘割りで連なった池があって、そこにボートハウスがあった。この別邸には、とてつもなく大きい番犬が二疋いた。夕方我々が帰ってくる頃が丁度犬の食事どきで、大きな器に上等の肉が入った食事をしていて、腹の空いた我々にはその贅沢さが羨ましかった。食事のあと犬は運動の為に放たれるが、或る時我々の帰りが少し遅れて、その大きな犬に飛びつかれ肩に前足を掛けられた時は、生きた心地がしなかった。

いろいろな事があった。深川から永代橋を渡り、河岸沿いに歩くと焼鳥屋の屋台があり、ある日の練習がえり、旨そうな匂いに誘われてつい入ってしまった。一串買って手に持った途端、下に寝ていた犬が飛び上がって来て、失敬して行ってしまった。トビに油揚ならぬ、犬に焼き鳥をさらわれたわけである。

端艇部の委員としては、四・五年の時随分と苦労した覚えがある。四年の秋には、五年を負かしてやろうと競漕を申し込み、夏休みの猛練習のため、一高理科に在籍した宮内寅之助という人にコーチを頼んだ。この人はボートの漕法を理論的に解明した本を出したほどのボート狂と言われた人だから大乗り気で、一生懸命になり熱心に艇に乗り込んで、一人一人に漕ぎ方をコーチして下さった。ところが宮内さんは附属出身では無かったので、附属の艇に関係のない者を乗せるとは怪しからんという事で、附属出身のボートマンである八田嘉明、田辺淳吉両先輩から（お二人とも当時帝大生）お叱りを受けてしまった。このお叱りはもっともな事で、規則でも禁じられているから、以後は致しませんとお受けする他なかった。しかし、宮内さんに対してはこちらからご教示をと頼んでおいて、以後は艇には乗ってくれるなとは信に背く訳で言いにくい。だが委員の立場ではやはり、言わざるを得ない。四年の委員は私と、荘田雅雄（日本郵船の重役だった荘田平五郎さんの三男）の二人であったが荘田は要領のよい男で、こういう損な役割は逃げてしまう。同級の岩田という男が最初に宮内さんに頼んだのだが、これは委員ではないので知らん顔である。仕方なく私が宮内さんに話す事になったが、案の定そんな不届きな仕打ちがあるかと散々に油を絞られ、私自身も申し訳ない事は自覚しているので誠に苦しい思いをした。また五年の時には、大会が雨天になってしまい、委員として運営に苦労した覚えがある。

中学校で我々の一番恵まれていた事は、教師の方々に非常に優秀な先生が多かった事であろう。国語の三土忠造先生、歴史の峰岸末造先生、数学の黒田団右衛門（後に稔）先生、英語の平田英一先生、その他地理、博物、物理化学、いちいちお名前はあげないがそれぞれの分野で、錚々たる方々ばかりであったと言っても過言ではない。

汐留の家からお茶の水への通学は徒歩で一時間余り、小学時代より少し遠くなった。当時の交通機関として人力車のほかには馬車鉄道、いわゆる馬鉄でこれは二頭立て、汐留から新橋、日本橋を通り上野と浅草に通じていた。この上野行きの馬鉄は、二つのアーチのある石橋でメガネ橋とも呼ばれていた、万世橋を通っていた。今の須田町あたりになる。汐留からの料金は二、三銭ぐらいであったと思うが我々はこの馬鉄に乗る事はゆるされず、丸ノ内を通り歩いて通ったのである。もっともこの徒歩通学のお陰で、今まで足が丈夫なのだと思うし、その意味で母には感謝しなければならないと思う。

同窓生でも例外はあり、浅野泰次郎（のち総一郎を襲名した）の様に、家が芝・田町で田町から新橋までは一頭だての馬車、新橋から万世橋へは二頭だての馬鉄で通っていた者もいたが、他はほとんど皆、徒歩組であった。この徒歩組で名前を今に覚えているのは山本兄弟（一郎と景蔵）、増田兄弟（嘉助と次郎）、霊南坂の上に住んでいた高木兄弟（健と逸雄）、数寄屋橋見附の内側に住んでいた萩一郎、などで、四年頃からは江木定男なども加わった。なおこの当時、数寄屋橋、日比谷、桜田門などには皆石垣で築いた「見附」が残っていて、道路はそれを迂回せねばならなかった。

中学では毎年秋に、一二泊で全校の修学旅行が催され、我々同士や上下級生、教員の方々との親交を深められる楽しい行事の一つであった。日光から中禅寺湖にゆき、山を越えて足尾に出て、紅葉が実に見事で目を見張った事もあるし、妙義山の奇峰に登った事もある。小田原から箱根の旧道を通って元箱根に行き、帰りは芦ノ湯、宮の下を経て小田原に戻る旅行をした事もある。この箱根に行ったのは私が三年の時で、帰り道で誰かが、宮の下から対岸にみえる明神岳を越えて松田に出た方が近道だと言い出した。そこで、五年の暴れん坊の柳　悦太が主導者となり、増田次郎や文雄兄などと一緒に松田行きを決行したのである。これは無論、予定のコースを外れた独断強行なので明神岳から宮の下の方を振り返ると、教師の方々はじめ皆で盛んに引き返せと怒鳴っていたが帰りの汽車に間に合えば文句はあるまい、という訳で松田に向かい、ひたすら歩いた。ところがそう簡単には行かず、松田駅近くになった頃、我々の乗るべき汽車の走る音が聞こえて来た。懸命に走ったが間に合わず、とうとう次の列車を松田駅で待つ事となり一同ションボリであった。学校の方も心配して、五年の委員の一人原さんが下り列車で迎えに来てくれ、どうやら無事新橋駅にもどる事ができたが、家の方には誰かが、我々は道に迷って汽車に乗り遅れたと連絡したらしく大心配をかけ、文雄兄ともども叱られた。

一年に一度くらい、英語会というのもあった。各学年から一二名出てレシテーション（暗唱）をやったり、大勢で演劇をやったりするのである。二年の時、どういう風の吹き回しか、英語の平田先生は私と荘田雅雄とを選んで壇上に立たせた。同級生には高嶺俊夫、山本武蔵など、秀才が多かったのでお鉢が我々に廻るとは夢にも思わなかったが、指名されればやむを得ない。私には当時教科書で使っていたNational Readersの中の詩を暗誦しろという事で二週間位前から練習し、いよいよ当日壇上に立ったが、何分若年でもありすっかり上がって、途中で次の句が出て来ない。危うく立往生しかけた時平田先生が、受け持ちクラスの恥と思われたか後ろから小声で口ずさんで下さり、何とかやり終えたが赤面の至りであった。この時二級上のクラスでは、石黒忠篤、穂積重遠などの方々がシェークスピアの「ベニスの商人」をやったが、立派なものであった。

又学芸会といって、生徒が皆道場に集まり各クラスで思い思いの余興をやる会もあり、三年の時であったか西　彦太郎や供田六郎と一緒に自転車の曲乗りをやった事がある。その頃の生徒の間で自転車に乗る事は一種のあこがれであったが、値段が高くて誰でも買って貰える訳ではない。不忍の池を何周か廻る競走では、鶴田勝二が優勝選手で有名だった時代で、通学に自転車を使っていた人は大学生の松本烝治さん、松岡均平さん、女子では音楽学校に通っていた柴田（三浦）環女史位のものであった。我々は買ってなど貰えなかったが、中学を出た頃父が一台すこぶる変った形のを手に入れ、武雄兄が美術学校に通うのに使っていた。私も正則英語学校に通うのに時々利用させて貰ったが、丸ノ内を向い風で走る時など足がしびれる程強い抵抗を感じたが、ともかく早いので得意であった。

附属中学では学年の終り頃毎年、高等師範の卒業間際の学生が教生といって、実地に教鞭をとる練習のために数学や国語、英語などの科目を教えにやってくる。恐らくその教え方や態度など卒業採点の対象となるのであろうから、俄か作りの先生方は一生懸命で、かえって上がってしまってトンチンカンな事をやる。我々は第三者の立場なので気楽なもので、意地悪い質問などして楽しんだものである。元来高等師範の生徒は地方の尋常師範出の人が大部分で、我々都会人の眼から見ると田舎臭く、ヨボヨボした感じである、というのが語源らしいが「本校」の高等師範の生徒を我々は「ヨボ」と呼んでいた。しかし勿論、なかには教生で来てもヨボヨボどころかしっかりした方もおられ、体操の宮下先生のように卒業と同時に附属中学の先生になられた方もある。

その頃、我々男の子はほぼ全員徒歩で学校がよいをしたが、妹たち女の子はそういう訳には行かない。お茶の水女子高等師範の附属女学校や小学校に通っていた三人の妹、それに末弟の晴雄も女高師の附属幼稚園に通っていたので合わせて四人は、いつも一台の人力車に詰め込まれて通学していたが、四人が人力車に乗っている格好は、丁度果物屋の店先で一と山いくらと積み上げてあるのに似ていると言うことで恐らく高木逸雄の命名だと思うが、妹たちがやって来るとそらヒトヤマが来たぞ、一と山だぞ、と騒ぎ立てられるようになり、「平井の一と山」は大分有名になっていた。

附属中学の校庭に連なる運動場は、体操や、放課後に野球や蹴球（サッカー）などをやったりする平坦なグラウンドで、鉄棒とか肋木、何と言う名か忘れたが高い所にある幅のせまい木を渡る台などのある運動場は、湯島の聖堂よりの別の所にあった。ここは周りを大木に囲まれて、近くには聖堂の屋根も見える、大変に幽邃といった趣のある場所であった。またこの頃、九月の第二学期がはじまった頃グラウンドに出ると、赤トンボが沢山、群れを成して舞っている事がよくあった。今では想像も出来ないほどに、落ち着いた風情があったという事ができる。

東京高等師範学校　　湯島聖堂

三　中学時代　について

高等師範附属中学校は、現在は「筑波大学附属中学校・高等学校」になっていますが、毎年母校から将来の先生の卵「教生」を受入れ教育実習の場となる実験校の性格には変りがありません。附属中学校の校舎は、遺稿にある現在の御茶の水橋を湯島の方に渡った所の塀に添った「やや見すぼらしい二階建て」で当時建築中のニコライ堂から俯瞰した写真に偶然、本校と呼ぶ東京高等師範、女子師範と共に写っています。お茶の水橋はまだ無く順天堂医院と湯島聖堂の位置は今も変わらず、バス道路もほぼ当時をなぞっている事がわかります。父の兄文雄、弟秀雄や晴雄と私も同じ学校を出ていますが、「桐陰同窓会名簿」を見ると父の同期（十二回）卒業生は四十八名だけですが弟晴雄（二十四回）の時は七十二名、

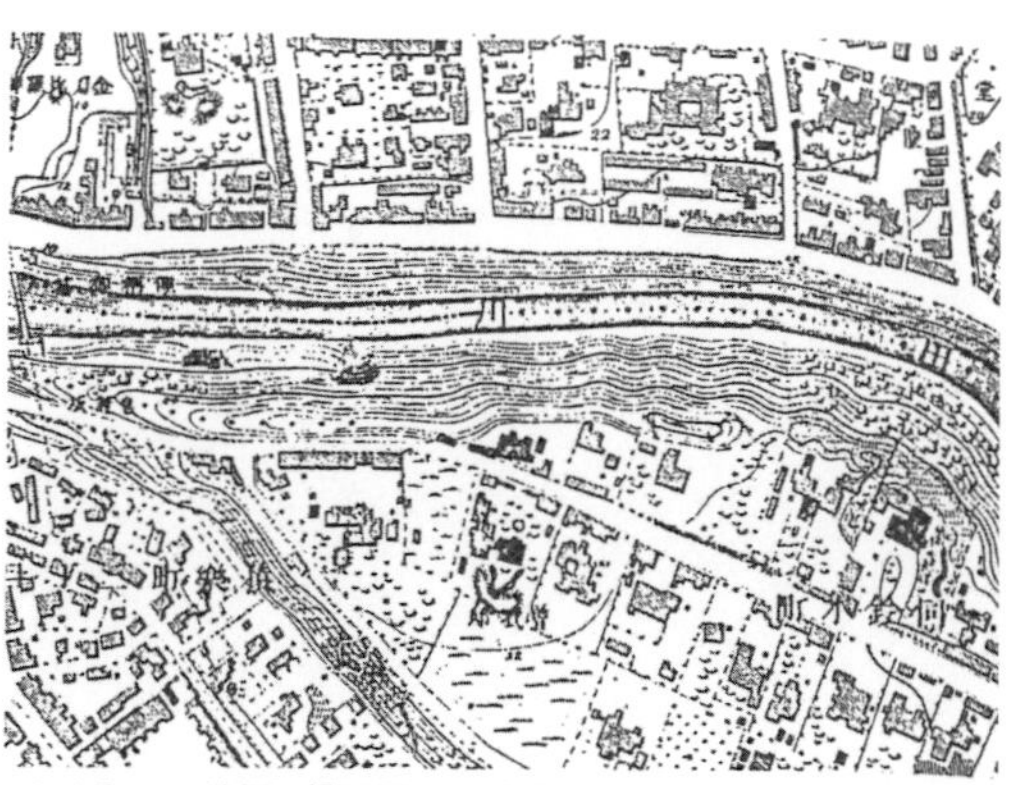

五万分の一地図（「附属百二十年の足跡」(2008) から転載
矢印　附属中学校。　左端に江戸城に給水した上水道掛樋
(「二 小学校時代」参照)

東京女子師範学校
（その前　矢印　附属中学校）

私（五十七回）の場合は四十名ずつ四組百六十名が入学し編入者を含めて百六十九名が卒業しています。父の頃は一学年二組だけで、一年から五年まで全員が「見すぼらしい」校舎に入りそれ迄女高師（現お茶の水大）が綺麗に使っていた所を泥だらけにした（附属百二十年の足跡）そうですが、腕白よりも近くの道路のせい（無舗装で雨で泥寧化する）でしょう。恐らく当時は皆顔も性格も知り合えたでしょうが、今では百回生（平成四年卒業）など一学年六組二百四十名となっていて今昔の感があります。本校（高等師範学校）生の事をヨボと呼ぶのは我々の世代まで引継がれ私もヨボヨボが語源かと思っていましたが、後年韓国語に堪能な人からヨボはチョンガ（独身者）の逆で妻帯者を意味するのだと聞きました。確かに現在はともかく当時地方師範出身者が多かった本校生の中には妻帯者も混っていて不思議はないように思えます。父の学級を担任された恩師の一人三土忠造先生は後に官界でも活躍された方ですが、ご子息の三土知芳先生も地質調査所長や東大工学部教授を歴任された碩学であられ、また戦前昭和十四年（１９３９）地質調査所技師として石油利権交渉のためアラビア半島（現サウジアラビア国）に派遣されたが既に利権を有した米英両国の妨害もあり結実しなかった経験をお持ちで、約二十年後山下太郎さんのアラビア石油成功に連なる先駆者とも言え、後年私も石油開発業界に入り隣国ＵＡＥ（アラブ首長国連邦）に数年駐在しており因縁を感じます。昭和四十年代先生は出光石油開発顧問の肩書きで委員会などで顔を合わす機会もありましたが先生は議長役、私は秘書役の幹事などと年齢も格もかなり違って特に名乗りなどしませんでしたが、親子二代に亘ってお世話になったと言う事になります。

四　高校時代

この時代と次の大学時代（東大工学部土木学科）の原稿は一枚もありません。空白を残した理由も分りませんが若い時代の父を想像する無理を承知の上であえて推測すると、二十歳前後の多感な高校時代の事は多くあり過ぎて書き切れなかったのではないかと考えています。

当時の一高は全寮制で生活環境は一変し、中学まで均一的だった交友も多くは地方出身の多様な若者に広がってカルチャーショックを経験した筈で、更に入学の年に日露戦争が始まりたとえ一高が寮歌「あゝ玉杯に花受けて」の一節の様に〝栄華の巷（ちまた）（世間）を低く〟見ていても影響を受けない訳はなく、公私とも多事多端、疾風怒濤の時代と言えそうです。私自身旧制高校（成蹊）に在籍した後に元北大予科生の人が多く旧制高校の影が色濃く残る寮生活を経験したので想像できますが、眼まぐるしく変る環境に対応するのに精一杯で当時の出来事を文章になど少なくとも私には出来ません。小説家の才能でもあれば別ですがたまたま北大の寮の先輩に当る有島武郎の学生生活を題材にした小説「星座」も未完のままで終っています。父は理科系で冷静に勉学に励んでいたとしても、寮生活は全人格が裸でぶつかる場で自分の殻にはとても閉じこもれません。生涯の友も幾人か出来たであろう事は、戦後世田谷の家に名前は覚えていませんが高校時代の朋友が訪ねて来られた時の父の応対が、普段とちがい学生か当時の〝書生〟なみのくだけた調子だった事からも推察できそうです。

なお一高には父が三年目の最上級生となった明治三十九年（１９０６）新渡戸稲造校長が就任されて、弊衣破帽蛮から的な風潮を改めたと言われ同じ空間を共有した父がどの様な感想を持ったのか知りたい所ですが、空白のままで終ってしまいました。

ともあれ父が明治三十七年（１９０４）から四十年（１９０７）まで本郷にあった第一高等学校に在籍した事、駒場にあった一高同窓会（すでに解散）の記録から端艇部（ボート部）に所属して中学時代に引続きボートを漕いでいた事は分っていますので、同会のご好意で入手した当時の一高の寮、向島の端艇部艇庫（静水戸田コースは昭和の建造で当時ボートレースはすべて隅田川で行われ向島には東大や高商—現一橋大等の艇庫が軒を並べ昭和三十年代まで残っていた）の写真と、父の名がのっている端艇部報の一部とを転載します。

本郷（現東大農学部あたり）にあった一高寄宿舎（寮）

明治三十八年（1905）の一高端艇部報は全文時代がかった文語体で、表現も〃今年は「干戈第二の春」として〃云々です。進行中の日露戦争を反映して新造の艇に「東郷」「乃木」と命名していますが当時一高端艇（ボート）部は大学とも張合う程の強豪で、四月十一日に行われた一高の競漕会も世間の注目を集めるイベントであった様です。

なお当時日露戦争の局面は奉天会戦が勝利に終ったもののバルチック艦隊が日本に迫って、国民が固唾を呑んでこれから始まる海戦の勝利を祈る時期に当ります。その中にあって父はどうやら「第三選手」つまり三軍相当クルーに所属したらしく、それでも整調（ストローク）と言うカナメの位置で漕いで一着に入っているのでそれなりに活躍したとも解釈できます。漕いだボートも新造の「東郷」などではなく「綾瀬」「梅若」などを使用しており現在の八人漕ぎスライドシートではなく六人漕ぎで、恐らく固定座席の体力的にはかなりきついボートを漕いでいた様に考えられます。

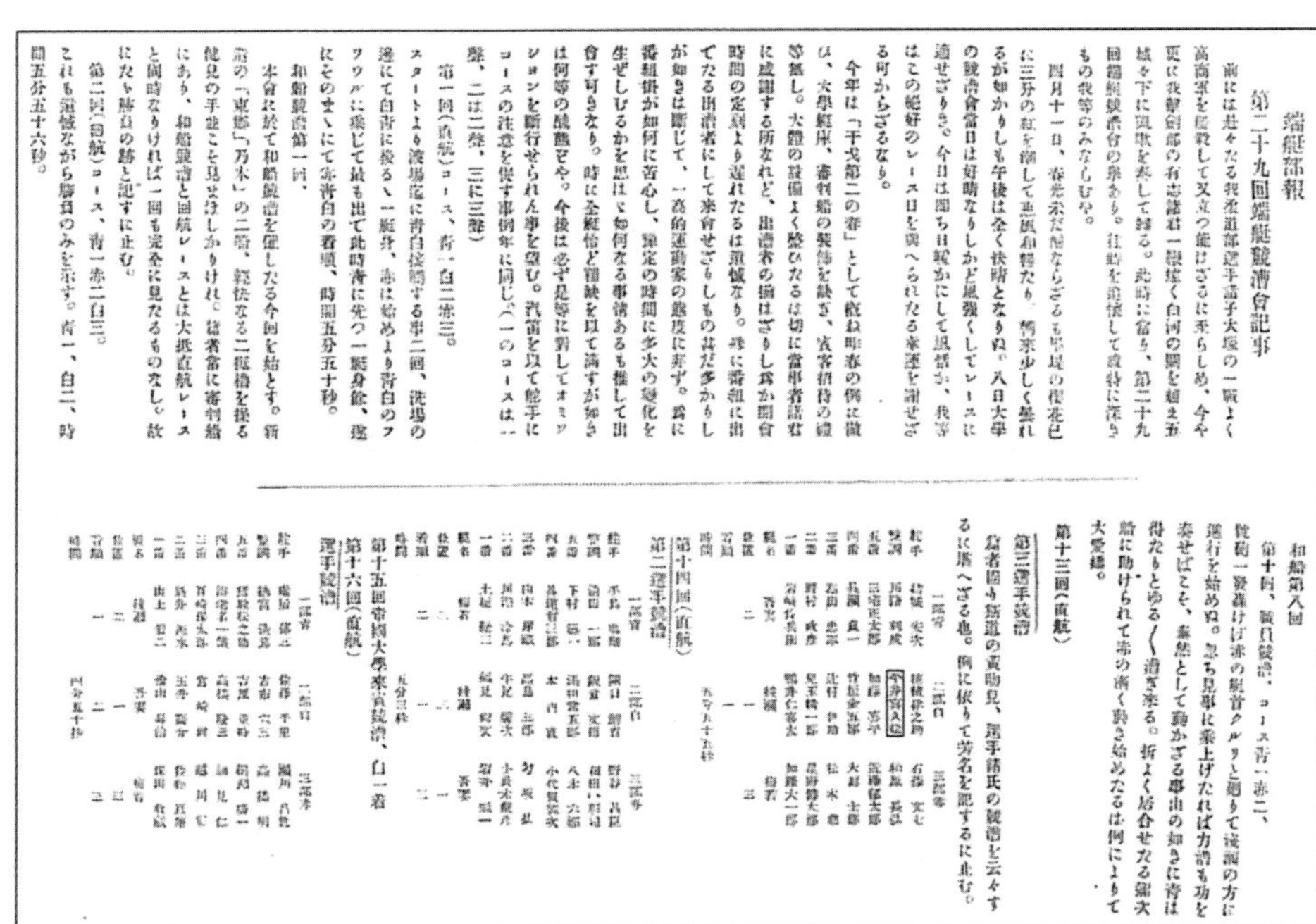

端艇部報

第二十九回端艇競漕會記事

前には赴々たる我柔道部選手諸子大塚の一戦よく高商軍を撃殺して又立つ能はざるに至らしめ、今や更に我撃剣部の有志諸君一撃遠く白河の關を越え五城々下に凱歌を奏して歸る。此時に當り、第二十九回端艇競漕會の舉あり。往時を追懐して感特に深きもの我等のみならむや。

四月十一日、春光未だ闌ならざるも墨堤の櫻花已に三分の紅を催して恵風和暢たり。朝来少しく曇れるが如かりしも午後は全く快晴となりぬ。八日大學の競漕會當日は好晴なりしかど風強くしてレースに適せざりき。今日は即ち日暖かにして風穏か、我等はこの絶好のレース日を與へられたる幸運を謝せざる可からざるなり。

今年は「干戈第二の春」として槪ね昨春の例に倣ひ、大學艇庫、審判船の裝飾を缺き、賓客招待の禮等無し。大體の設備よく整ひたるは切に當事者諸君に感謝する所なれど、出漕者の揃はざりし爲か開會時間の定刻より遅れたるは頗る遺憾なり。殊に番組に出でたる出漕者にして來會せざりしもの甚だ多かりしが如きは斷じて、一高的運動家の態度に非ず。爲に番組掛が如何に苦心し、豫定の時間に多大の變化を生ぜしむるかを思はゞ如何なる事情あるも推して出會す可きなり。時に全艇恰ど闕缺を以て滿すが如きは何等の醜態ぞや。今後は必ず是等に對してオミッションを斷行せられん事を望む。汽笛を以て舵手にコースの注意を促す事例年に同じ。(一のコースは一聲、二は二聲、三に三聲)

第一回(直航)コース、青一白二赤三。

スタートより淺場茫に青白接觸する事二回、洗場の邊にて白青に殺るゝ一艇身、赤は始めより青白のファウルに乘じて最も出で此時青に先つ一艇身餘、遂にそのまゝにて赤青白の着順、時間五分五十秒。

和船競漕第一回。

本會に於て和船競漕を催したる今回を始とす。新造の「東都」「乃木」の二隻、輕快なる二挺櫓を操る健兒の手並こそ見ま欲しかりけれ。記者常に審判船にあり、和船競漕と回航レースとは大抵直航レースと同時なりければ一回も完全に見たるものなし。故にたゞ勝負の跡を記すに止む。

第二回(回航)コース、青一赤二白三。

これも遺憾ながら勝負のみを示す。青一、白二、時間五分五十六秒。

和船第八回

第十回、隨員競漕、コース青一赤二、俄爾一發轟けば赤の艇首クルリと廻りて淺瀬の方に進行を始めぬ。急ち見事に乘上げたれば力漕も功を奏せばこそ、泰然として動かざる事山の如きに青は得たりとゆる〳〵漕ぎ來る。折よく居合せたる鬼次船に助けられて赤の漸く動き始めたるは例によりて大愛嬌。

第十三回(直航)

第三選手競漕

記者固より斯道の[illegible]、選手諸氏の競漕を云々するに堪へざる也。例に依りて芳名を記するに止む。

	一部青	二部白	三部赤
舵手	若城 安次	[illegible]	石森 [illegible]
整調	長谷 利成	[illegible]	和泉 [illegible]
五番	三宅 [illegible]太郎	加藤 [illegible]	近藤 [illegible]太郎
四番	長瀬 良一	竹越 金五郎	大野 士郎
三番	石田 忠郎	辻村 伊助	松本 [illegible]
二番	野村 政秀	児玉 [illegible]一郎	星野 [illegible]太郎
一番	[illegible]	[illegible]	加藤 [illegible]二郎
觀客	[illegible]	[illegible]	[illegible]
發艇	二	一	三
着順		一	
時間		五分五十五秒	

第十四回(直航)

第二選手競漕

	一部青	二部白	三部赤
舵手	[illegible]	[illegible]	[illegible]
整調	[illegible]	[illegible]	[illegible]
五番	下村 [illegible]	[illegible]	[illegible]
四番	[illegible]	[illegible]	[illegible]
三番	[illegible]	[illegible]	[illegible]
二番	[illegible]	[illegible]	[illegible]
一番	[illegible]	[illegible]	[illegible]
觀客	[illegible]	[illegible]	[illegible]
發艇	二	三	一
着順	二	一	三
時間		五分三十秒	

第十五回帝國大學來賓競漕、白一着

第十六回(直航)

選手競漕

	一部青	二部白	三部赤
舵手	[illegible]	[illegible]	[illegible]
整調	[illegible]	[illegible]	[illegible]
五番	[illegible]	[illegible]	[illegible]
四番	[illegible]	[illegible]	[illegible]
三番	[illegible]	[illegible]	[illegible]
二番	[illegible]	[illegible]	[illegible]
一番	[illegible]	[illegible]	[illegible]
觀客	[illegible]	[illegible]	[illegible]
發艇	三	一	二
着順	一	二	三
時間		四分五十秒	

一高端艇部報　明治三十八年（1905）

向島にあった一高の艇庫

五　大学時代

父は明治四十三年（１９１０）東京帝国大学工学部土木学科を卒業して、鉄道院（現在のＪＲ）に就職しましたが高校時代と同様この時代を記した原稿はありません。土木教室のご好意により当時の東大周辺を写真で紹介し、同期の卒業生三十一名の足取りを辿って見る事により、幾らかでもこの時代を表現する事に致します。

赤門（右上）と「山上御殿」前の運動場
（現御殿下サッカー場）

約三十年が経過した昭和十四年（１９３９）には、物故者五名を除く二十六名の勤務先は当時の「大日本帝国」各地最前線の土木学界・業界で活躍中の方ばかりで、例を挙げれば大阪鉄道局、中部電力、東京高速鉄道（地下鉄）、北海道庁、農林省水産局、内務省土木出張所、東京湾埋立会社等々で朝鮮に二名、台湾に一名（李登輝総統が業績を称えて有名になった八田與一氏、台湾南部に完成させた多目的「烏山頭ダム」現地には今でも作業衣姿の銅像があり私も氏の母校金沢の四高ＯＢと共に訪れた）赴任されており、母校東大工学部教授に加え貴族院議員も一名おられます。なおこの時点父は裁判被疑者（鉄道疑獄）から無罪放免となり華北交通（満鉄子会社）の本社北京に赴任した所なので上記に加えて北支（中国北部）赴任一名、となります。この期の卒業生クラス会「四三会」はよく会合しており節目の〝二十五周年記念写真集〟もあった様ですが、月日が流れ昭和三十一年（１９５６）の生存者は父を含め十一名（東京在住六名、地方五名）で〝卒業45年記念会〟も参加者は六名でした（別項）。当時五年後（１９６１）の五十周年は是非盛大に、との動議が出されていて、父は昭和四十六年（１９７１）まで存命でほかの方々も現況報告を見るとまだまだ意気盛んで恐らく実現したものと思われますが、その記録は残念ながら見当たりません。

六　鉄道院時代

明治四十三年（1910）六月大学を卒業するや鉄道院に就職することとなり、汐留の庁舎に出頭、当時副総裁代理をされていた野村技監の室に行き辞令を頂いた。鉄道院雇を命ず、月給四十五円を給す、北海道建設事務所勤務を命ず、といったものであったと思う。上野から任地に向かった時は親戚や友人たちの見送りを受けたが、学生服で出発したというので、後に友人たちから態度がよいと褒められた。途中、盛岡付近では車内が底冷えするように寒かったことを覚えている。

北海道建設事務所は旭川にあり所長は稲垣兵太郎さんで、その下に技師として下村尚義、吉田耕一の二人がおられた。旭川ではさしあたり、稲垣さんの玄関脇の応接室を居室として当てがわれたが、すぐに留萌線の恵比島、峠下両隧道（トンネル）の現場詰所に赴任することとなった。詰所主任は愛甲勇吉技師で、詰所に合宿して現場仕事に従事した。この隧道にはその前年、大学三年の夏の実習に来たことがある。その時の工区主任は石井篤郎という年配の人で、以前北海道で父の下で働いた事があるとの事であった。この人の子息が、後に北海道電力の常務を勤めた石井栄雄氏である。

この二つの隧道は、地質が「温泉余土」と呼ばれるもので非常に悪かった。掘削する時は余り苦労はなく、鍬ででも掘れるが、暫くたつと掘削面が空気にふれたために膨脹しはじめ、しかもその力はなかなか強く木の普請など押し潰される。最初に貫通した恵比島隧道では、導杭が完全に押し潰された様な状況であった。

そこで稲垣所長の考案で、上部の半断面について三尺か五尺（1～1・5メートル）だけを急速に掘削し、そこを出来る限り早く煉瓦のアーチで固める事にした。その煉瓦の厚さは八枚から九枚、しかも大きなパッキングを付けた形にしたものであった。この様に五尺ほどの短いアーチを次々に進行させたのだが、それでも何時も先の方が押されて下りなかなか水平には掘り進めなかった。十五尺（5メートル）ほどアーチが進むと、側壁の所々に柱型にツボ掘りをして、部分的にアーチを支える様にして工事を進めたのである。この様に苦心してともかく隧道は出来上がったものの、調べて見ると殆ど全長にわたって建築限界に支障を及ぼしている。支障の軽少なものは削り取ることにしたが、間に合わない部分は巻き替えるより仕方なく、特にアーチ部分は全長の半分位巻き替えになった。ところが巻き替えて見ると、煉瓦八枚を要する所が五―六枚しか無かったり、裏込めには充分充填すべきなのに、セメントの樽を詰めてごまかしてあったりで（当時はセメントは樽詰めで現場まで輸送されていた）工事の監督は随分と厳重にしたつもりであったが、いやが上にも注意せねばならぬ事を思い知らされた。

はじめての現場で、留萌線にいた時にはいろいろと面白い、また印象深い事があった。稲垣所長が現場視察に来られ、留萌まで行かれるというのでお供することとなり、峠下の駅逓から一同駅逓馬に乗って出発する事となった。自分はそれまで乗馬の稽古はした事が無かったが、駅逓馬は先頭の馬さえ走れば、他の馬はその後についていくから大丈夫という話なので、ともかく鞍にまたがって見た。ところがこの馬はタチが悪かったようで、鞍の上の客人の腕前をすぐ見抜き、初心者だと見てサッサと厩に戻ってしまった。仕方なく別の馬に替えて貰いどうにか同行することはできたが、やはり充分には乗りこなせず馬に馬鹿にされ、家の軒下に入り込むので頭を軒にぶつけぬよう注意せねばならず、苦労した。

この年十二月留萌線は全線どうにか出来上がったので、年末に開通ということになり、監査に古川阪次郎技師（古川ロッパの父君）が来られ、開通に差し支えなしという報告を作成された。この報告書を持参して私が本省に使した所、監察局のなかに、私が副総裁の息子であるので、その縁故を利用して無理に開業を強行したという様な、根も葉もない噂をした人がいるという話が聞こえてきた。私は憤慨したが、親の立場を傷つける様になりはせぬかと憂い、この際退職した方がよいのではないかとも考えた。

丁度その時、旭川に戻ると恩師の広井先生から書状が来ており、九州大学に行かれた服部鹿次郎先生から、応用力学を担当する助教授が一人欲しいという話が来ているので行ってみてはどうかというお話であった。なお詳しいことをお聞きしたいと思い、正月の休暇を利用して上京し、広井先生を房総の大綱にある別荘にお訪ねして、昼食を御馳走になりながらお話を伺った。先生は、鉄道の方とも関係を保ちつつ赴任する可能性もあるのではなかろうか、とのお話だったので、東京に戻ってから叔父の山口準之助（当時鉄道研究所長か東京鉄道局長）に相談して見たのであるが、言下に絶対反対であると言われてしまった。

就職に際しいろいろ面倒を見て下さった石丸重美さん（当時建設局課長）にも、部内の噂なども含めてお話した所、人間にはジェラシーがあり、いろいろ噂を立てる人も中には居るだろうがそんな事は気にしないで、自分の初め考えた道を進めばよいのだ、と懇々と諭された。結局広井先生には、折角のお話ながらやはり鉄道に止まりたいと申し上げお断りする結果となってしまった。この九州大学のポストには、翌年卒業の三瀬幸次郎君が採用され赴任している。

この年の冬、北海道建設事務所は、下富良野線（滝川―富良野間）新線建設のための設計作業で、毎晩八時過ぎまで残業する程で大変な忙しさであった。この時私は二つの貢献をした。一つは芦別川の高い橋脚の設計で、地震の振動にも耐えうる様に、三味線のバチのように下ひろがりの、しかも内部を空洞にした設計とした。これは現在でも健在のようである。今一つは、線路が富良野川に沿ってかなり長い区間走っており、その下に滝のある部分の石垣の設計で、滝のために水流の面つまり水面は、あるカーブを描いて流れる筈であるから、石垣もこのカーブに合わせて上端の高さを決めれば宜しい筈であり、このカーブを算出して無駄のない石垣の形状を割り出したことである。

六　鉄道院時代について

北大の学生だった昭和二十年代に、早春の暑寒別（しょかんべつ）山系を縦走するスキー旅の帰途に一度だけ留萌線に乗った事がありますが、鉄道マンとしての父の初めての現場だった事など当時は知る由もなく、増毛（ましけ）近くの海ではまだニシン漁が続きヤン衆と言う季節労働者の乗った列車とすれ違うなどローカル線らしい風情だけ記憶にあります。父が珍しく功績を誇っている芦別川鉄道橋の写真を掲載致します。

恩師として結果はともかく職の斡旋までして頂いた広井勇教授は、札幌農学校出身で祖父晴二郎とも親交があり札幌駅前にあった鉄道功労者クロフォード、松本、平井三人の銅像建設を強く推進されながら、実現（昭和四年八月）する前年に死去されており除幕式でも佐藤昌介北大総長（農学校同期）はじめ数人の方々が教授がここにおられれば……と逝去を惜しまれています。なお銅像除幕式には松本家から令息烝治（戦後国務大臣）と令孫、平井家から祖母キヌ、武雄、文雄、喜久松夫人多恵子、クロフォード家は代理で北大講師ヘンリー・レーン氏（戦後講師だったハロルド・レーン氏父君）が参列。昭和十五年私の初めての北海道旅行で祖父と「初対面」した覚えもあるが戦時中供出され、レプリカだけが大宮の鉄道博物館にあって口絵の写真は小野田　滋氏を煩わし撮影して頂いたものです。

芦別川橋梁

七—一　米国留学

大正四年（１９１５）の初め、鉄道院本院建設課勤務となった。以前から米国留学という噂はあったが、正式にはなんの話もないので、意を決して当時の古川阪次郎副総裁にお会いして伺った所、すこぶる明快に、直ちに米国留学の準備をして宜しいとのご返事で安心して用意を始める事ができた。

まず、英語会話を身につける必要があると思っていたので、築地で会話の個人教授をしていたサンマー夫人の所に通うこととした。生野団六先輩からは、フランス語も勉強して行きなさいとのことで外国語学校の先生に紹介され、暫く通ったがとても俄か仕込みでは物になりそうになく、これは間もなくやめてしまった。

建設局では仮の勤めなので局内にいる必要もなく、同じ建物の中の房総線建設事務所の石川鼎所長の部屋に机だけ置かせてもらった。マゴマゴしている内に時は過ぎ、渡航の日取りを決める時期になったが、一高同窓の中川　信君が農商務省鉱山局の技師をしており同様に外国留学を命ぜられたので同君と同行することに決めて、七月に横浜を出帆する日本郵船の貨物船静岡丸で渡航することとした。静岡丸は貨物が主体で、三十人くらいの旅客が乗れる設備があり、その一等船客として太平洋を横切った。横浜を出て二日目位から海は相当ひどく揺れたが、三—四日経ってからは、波はなお大きくウネっていたものの甲板にも出られる様になり、食事も平常通り摂れるようになった。船客の中にアメリカにいる息子に会いに行くという年配の人がいたが、この人とは横浜で顔を合わせただけで、遂にシアトルに上陸するまで食堂では姿を見なかった。何分貨物船の航路は北太平洋寄りなので、いつでも波は荒いのだそうである。

無事太平洋を横断して、最初にアメリカ大陸の土を踏んだ場所はカナダ領のビクトリアであった。ここに達する航路の両側は鬱蒼と茂った緑濃い針葉樹で覆われており、いよいよめざす米大陸に来たのだなという感激で胸が一杯であった。ビクトリアには一寸上陸しただけで、船はピュージェット・サウンドを奥深く進み、上陸地点であるシアトルの岸壁に横付けになった。岸壁には郵船の支店長蛯子氏が出迎えており、親切に宿舎の世話などしてくれた。シアトルでは、目的地のニューヨークまで行く旅行の日程を作りそれにマッチした切符を買わねばならない。自分がその時作ったコースは、シアトル—サンフランシスコ—ロスアンゼルス—サンフランシスコ—ソートレークシテイ—デンバー—セントルイス—シカゴ—ナイアガラ—ニューヨーク、というものであった。

当時は飛行機も、大陸横断バスという様なものもなく、大陸横断はすべて鉄道であった。各社のチケット・エージェントが、こちらの日程と経由地とを聞き、それに従ってA—B、B—C、C—Dと各鉄道会社の切符を順番に貼りつないで、長い長い切符を作ってく

静岡丸（日本郵船）大正元年（1912）竣工
（“敵艦見ゆ”の信濃丸と姉妹船）

れる。それで旅行するに従って、順々に一枚ずつはぎ取ってゆくのである。アメリカでは汽車はプルマンカーとツーリストカーの二種類になっており、私はプルマンで行く事にした。

第一行程のシアトルからサンフランシスコに向かうサザン・パシフィック社の車中では、話に聞いていた事ではあるが、食堂車の一人前の食事の量が大変に多くて驚かされた。サンフランシスコの近くでは船（フェリー）で二度も海を渡るのであるが、いかにも悠々としていて、セカセカしない大陸的なやり方という感じであった。当時サンフランシスコでは、大正三年（１９１４）に開通したパナマ運河の開通記念博覧会が開かれており、この工事を完成させたゲータル（George W. Gaethals）氏を迎えて、米国土木学会が記念コンベンションを開催中であった。私もこの土木学会の準会員であったのでこれに出席する事としたが、よくこの様な大工事を完成させる事が出来たものだと、米国の資本力の巨大さ、技術力とくに機械化施工の進歩には驚嘆するほかなかった。またサンフランシスコの対岸にあるタマウリパス（Mt. Tamaulipas）という山の登山鉄道にも乗った。当時ゴールデン・ゲート橋はまだ出来ておらず、船で対岸に渡ったのだが、山頂での記念写真で旋回（パノラミック？）撮影をしたのが物珍しかった。

サンフランシスコからロスアンゼルスに行ったが、近郊のロング・ビーチに沢井市造氏の子息である一郎が農場を経営しているので、そこを訪ねたのである。一郎は私とは同じ年頃で幼い時からの友達だが、なかなかの暴れん坊で、中学も中途でやめて米国に渡ったので、市造氏の依頼で様子を見に行った訳だが、すでに四才と二才の子供の父親で妻子のほか数人の小作人も使って見渡す限りの麦畑を耕作していて、立派に成功している様子を見て安心した。ロングビーチは、その後のロスアンゼルスの急膨脹により、昭和十二年（１９３７）私が再度訪米した時には全く様相を変え、立派な市街地になっていて驚いた。

ロスアンゼルスから再度サンフランシスコに戻り、ユタ州にむかった。塩水湖であるSalt Lakeを横断する橋を渡り、ソートレークシテイの街でモルモン教の寺院を見たり、また塩水湖の奇妙な現象に驚嘆したりした。ここからはデンバー・リオグランデ鉄道で線路はコロラド峡谷に沿う絶景の間を縫って走る。デンバーからさらに東へ進んで、カンサス・シテイに着き同地で橋梁関係のコンサルタントをやっておられた、ワッデル（Waddel）先生を訪ねた。先生は父とおなじＲＰＩ（レンセラー工科大学）の卒業生で以前東京大学でも教鞭を取っておられた事があり、日本人に対する理解も深く、青二才の私を暖かく迎え、付近にある橋梁工事の現場なども案内して下さった。カンサスからはシカゴに出て、大阪商船の支店長岡田永太郎氏（義弟伊庭琢磨の親友、伊庭は、この岡田氏の後任の支店長となった）のお世話になり、有名なストックヤード（家畜処理場）など見学、さらにナイヤガラ瀑布の雄大な自然の景観にも接して、ニューヨークに到着した。

ニューヨークでは四十二番街（42nd. st.）のグランド・セントラル停車場に着いたが、山中商会の支配人であった叔父の牛窪第二郎（うしくぼだいじろう）と、親戚にあたる朝倉伝次郎の末弟である松田清の二君の出迎えを受けた。ここには暫く滞在の予定であったので、ゆっくりと腰を落付けて今後の研究方針を立てる為に、まず下宿探しをやった。これには松田君がすでにニューヨーク滞在が長かったので同氏の協力を得て、叔父のアパートの近くの東九十三丁目に、不動産関係の仕事をしていた人の三階の一室が空いていたので、そこに住むことにした。この家はその辺り一帯に軒を並べて建っている、いずれも三階建ての個人住宅の一つで、家族は主人夫妻と妻の妹の三人暮らし、一、二階は主人夫妻が使っており三階に二室あって、表側の大きな室には妻の妹が住み、私の室は裏側で六畳位の広さであった。朝食だけ家族と一緒に撮る事にした。ヒーターは「ホット・エア」で、すごく咽喉が乾いて困った覚えがある。大陸横断鉄道の車中は夜間など相当に冷え込み、その為なのか知れぬがニューヨークに着いて間もなくカゼ気味となり寝込んでしまった。外に出られず、食事も摂れない。松田君がいろいろな物を買って来たり、親身に世話してくれて助かった。異郷で病気をするというのは誠に心細いもので、松田君のおかげで切り抜ける事ができ、感謝の外なかった。牛窪の叔母（第二郎さんの一人娘ヨネ・スタフォード夫人の母上）はしきりに医者に見てもらえというので、その紹介で町医者に見て貰った所「ニューラルじゃ」（おそらく肺炎、pneumonia の事）という診断で、薬の処方をくれた。当時からアメリカでは医薬分業で、医者は薬をくれない。どうも妙な制度だと思ったが、現在では日本でもこういう制度になっている。

米国での研究課題である「圧搾空気の利用」問題の中でも、特に私が実地に調べておかねばならぬのは隧道における利用、すなわち水圧など高圧力下での工事施工についてであるので、当時ニューヨークで施工中であった地下鉄のマンハッタンとブルックリンを結ぶ河底隧道の調査が最も適していた。そこで、熱海建設事務所長であった富田保一郎さんからニューヨーク地下鉄の技師長代理であったリッジウエー（Robert Ridgeway）氏あての紹介状を持参し、同氏にお会いしたのである。

また別の機会に、父からの紹介で、Am-Loco Co. の副社長マンシニ（Manchini）氏と会った時に自分の研究目的を説明したところ、それなら現在同隧道の工事を請負っているオルーク（Frank O'Rouke）を紹介しようという事になり、オルーク氏とお会いした。アメリカ人は話が早い。オルーク氏はすぐに、それでは私の会社の使用人という事にしてあげる、月給は百ドルで雇うことにしよう、という話であった。しかし自分は日本の政府から派遣されて来ており給与は受けられないが、工事現場に立入りする便宜は与えて下さいと返答した所、よろしい、とすぐ快諾された。一方、リッジウエー氏は河底隧道は現在、ホーランド（Clifford M. Holland）という男が主任をしているから彼に会いなさい、話しておくと言ってくれた。ホーランド氏は、ハドソン川の河底に今も名を残すホーランド・トンネルという道路隧道の設計者で、当時は七番街（7th st.）と十四番街（14th st.）の二つの河底隊~道を受け持っており、親切に一緒に圧搾空気の隧道の中に入って、どういう場合に危険であるとか、いろいろと指導してくれた。同氏やリッジウエー氏とは、日本料理を紹介しがてら一緒に会食したり、米国土木学会の巡檢（excursion）では共々ニューヨーク水道工事の現場を見て回ったりして、親交を深めた。

また、New York Rapid Transport 社の副技師長（Deputy Chief Engineer）として、リッジウエー氏とならぶ地位にあったターナー（Daniel Turner）氏は、地下鉄路線網の方式としてターナー・システムを考案した権威者であるが、父や私とレンセラー工科大学（RPI）の同窓生にあたり、この人からもいろいろの助言を頂いたりする事ができた。

鉄道における圧搾空気の利用については、単に河底隧道におけるシールド工法のみにとどまらず、削岩機や、軌道ポイントの転換装置などがある。そこで、後にアメリカ各地をまわって歩いた時には、削岩機についてはインガソル・ランド社、ポイントについてはウエスレイ社などの工場を訪問して、説明を聞くようにした。

その年のクリスマスには、牛窪の叔父の別荘がニュージャージー州の Allenhurst という海岸にあって、そこに山中商会の全従業員を集めて休暇を楽しむ事になっていたので私もそれに合流させて貰うこととした。アレンハーストは、Asbury Park の近くにある避暑地で、冬には列車もあまり多くは運行していない。駅舎はあるが駅員はおらず訳舎に備え付けの信号旗の赤いのを、我々の内の誰かが線路の上で振りかざすと列車は止まり、車の中で車掌が切符を切ってくれるという、誠に簡単な仕組みになっていた。またローカル列車の場合、切符を買って乗っても車掌はそれを取り上げてしまい、行き先によって異なる色の紙片を帽子のバンドに挟んでおき、各自の目的駅近くになると次の駅で降りなさいと知らせてくれるシステムになっていた。

イースト・リバー隧道工事の合い間を見て、米国国内各地にでかけた。最初の旅行は、父のＲＰＩでの親友で、ニューヨーク・オンタリオ&ウエスタン鉄道で Treasurer の職にあったリッカード（Richard Rickerd）氏の好意で同線の視察に行った。同線技師長が使用する巡察車（Observation Car）で線路巡回に同行させて貰ったので、三日程その車に起居し、各地で保線主任が線路状況の報告をするのを聞けて、大いに得る所があった。線路保守が機械化され、労務者を極力減らして工事しているのが印象的であった。

次の機会には、フィラデルフィアからワシントン（ＤＣ）、ロアノーク（バージニア州）、ノーフォークなどを経由して、フロリダのキーウエストまでの旅行に出かけた。

まずフィラデルフィアでは、かって北海道開拓使の招聘に応じて来日し、手宮—幌内間の鉄道建設に功労のあったクロフォード（Joseph U. Crawford）氏を訪ねた。氏の邸宅は郊外の Fox Chase という所にあり、祖先からの住居だそうで敷地は広く宏壮でいわゆるコロニアル・スタイルの、二階建てで古風な建物に住んでおられた。ベッド・ルームつまり寝室も数多く「このベッドは祖父が使っていたものだが、先般晴二郎（父）が来た時には使って貰った」などと話しておられ、非常に私の訪問をお喜びで、小憩の後長女の方のドライブで、ご一緒に郊外を一巡して下さり、典型的な米国の郊外風景を楽しむことが出来た。

それからワシントンに行き、George Washington 初代大統領の居宅であったマウット・バーノンを訪ねた。また当時の日本大使であった珍田捨巳氏の三男、秀穂君は私の附属中学での後輩であったので、その縁で公邸をお訪ねし大使夫妻から夕食を御馳走になった（なお秀穂君は惜しいことに、どういう理由かは判らないが私の滞米中に自殺してしまった）。仕事の方では、ワシントン市の都市計画では道路を放射状にしているので、その実際上の便宜、利害得失などについて調査した。

そこからバージニア州のロアノーク（Roanoke）に行った。クロフォード氏の長男、ジョセフ（Joseph E. Crawford）がノーフォーク・ウエスタン鉄道の技師長をしておられたのを訪ねたのである。同氏宅にも泊めて貰ったが、夫人はかって日本に住んでおられた事もあるので、大変に懐かしがり、いろいろと話がはずんで楽しく過ごす事ができた。

さて、ノーフォーク港と対岸のニューポート・ニュース港にはそれぞれ、ノーフォークウエスタン鉄道とバージニアン鉄道との石炭積込み設備があり、各々独自の「最新式」の方式を誇っていた。またジョセフ・クロフォード氏の好意で、同氏専用の巡察車（Observation Car）に乗せて貰い、奥地の視察をしたが、ノーフォーク、バージニアン両鉄道共に奥地から大西洋岸まで石炭を運び出すのが使命で、百トン積みの石炭車数十両を連結して運んでいる有様は実に壮観であった。

それからチャールストン、ジャクソンビルなどを経てフロリダ州の先端キー・ウエスト（Key West）に行った。ここは海中の島にある都市で、そこまでフロリダ州側「本土」からコースウエー（Causeway）という島をつらねる橋梁を架けて、鉄道も敷いていたのでそれを視察したのである。途中のクレイグ（Craig）にあった工事事務所に泊めて貰い翌日工事現場の写真を撮りながらキー・ウエストまで出てそこから船でニューヨークに戻ったが、埠頭に着くと直ぐ警察の人が乗り込んできて、ミスター・ヒライはいるかと聞く。何事かと名乗り出ると、君はキー・ウエストで写真を撮ったろう、これは犯罪に当たるかも知れぬという。自分は土木技術者で、橋梁に興味をもっており橋だけを写して来たのだというと、それではフィルムを出しなさい、こちらで現像するとの事でフィルムは取られてしまったが、拘引はされずに済んだ。数日して警察から呼び出され問題は無かったのでフィルムは返す、との事で無罪放免となった。どうやら、クレイグの工事現場の人間が私が写真を撮っているのを見、スパイではあるまいかと土地の警察にでも言ったので取り調べを受けたのではないかと思う。

第三回にあたる次の旅行は、ピッツバーグからシンシナテイ、ナッシュビルを経て南部のニューオルリンズ、ダラス、メンフィスを回ってニューヨークに戻った。

ピッツバーグには、親戚にあたる広木、朝倉（伝次郎さんの弟）の両君がいた。両人ともに機械技術者で土地の工場に勤めていたが、やはり外国人という事で、多少の差別的待遇を受ける事については快く思っていない風であった。また、父のＲＰＩ同窓でジョージ某（姓は失念した）という人がピッツバーグ有数の石炭および天然ガス会社の社長をしておられたので、氏の経営する炭鉱の現場を見学させて貰った。さらに、中村謙一さんの紹介で、ある建設会社（これも名前は失念）の技師長という人に会い、その社で新線建設中のオハイオ州内の工事現場に案内して貰い、鉄道工事の機械化が大変に進歩しているのに感銘を受けた。丁度高い築堤を建造中であったが、相当に高い構脚（trestle）を建てこむ一方ではスチーム・シャベルを使って土を掘削し、十数両も連結した本線の土運び列車でトレッスル上に押し込み、ダンプ（投棄）して築堤を作っていたが労務者は極く僅かで、ただ機械力を駆使して工事を進めていた。従って築堤にしても切取りにしても、日本のように法（ノリ、土木用語で斜面、または垂直からの傾斜角）に張り芝をしたり土羽ずけしたりせず、幅を見込んで法面以上の搬出しをする、機械化に適した人手を節約できる方式であった。

ニューオルリーンズでは主として港湾の視察をしたが、いわゆる米国南部の主要都市にふさわしく黒人が多くて町は汚なく、港湾の荷役もあまり機械化されてはおらずむしろ人力に頼っているようで、労務者の数が多いのが印象的であった。また白人と黒人の差別も顕著で、電車にいたるまで白人と黒人の席は厳格に区別されていた。

ダラスでは、東洋綿花に勤めていた原田立之祐氏に会った。これは東京を出る前に妹の雪子の配偶者として日本郵船の堀さんから、同じく郵船の重役をしていた原田金之祐氏の長男、立之祐氏はどうだろうかという話があったので、同氏の様子を知るためであった。同氏は実に端正な、真の英国紳士という風格で好感を持つことが出来たのでその旨を母に報告しておいたが、帰国してからこの話は実を結んで、雪子は原田夫人となった。

南部などの視察を終ってニューヨークに戻ったが、今度は冬の寒い季節になってからシカゴに行った。これは同市の水道のため、ミシガン湖の湖底に掘削している隧道工事を視察するためである。この隧道は余り水圧も高くなく、割合に簡単な作業のようであった。またイリノイ・セントラル鉄道がターミナルの拡張工事をしていたので、その説明を聞きに行ったり、貨物の操車場の見学なども行なった。

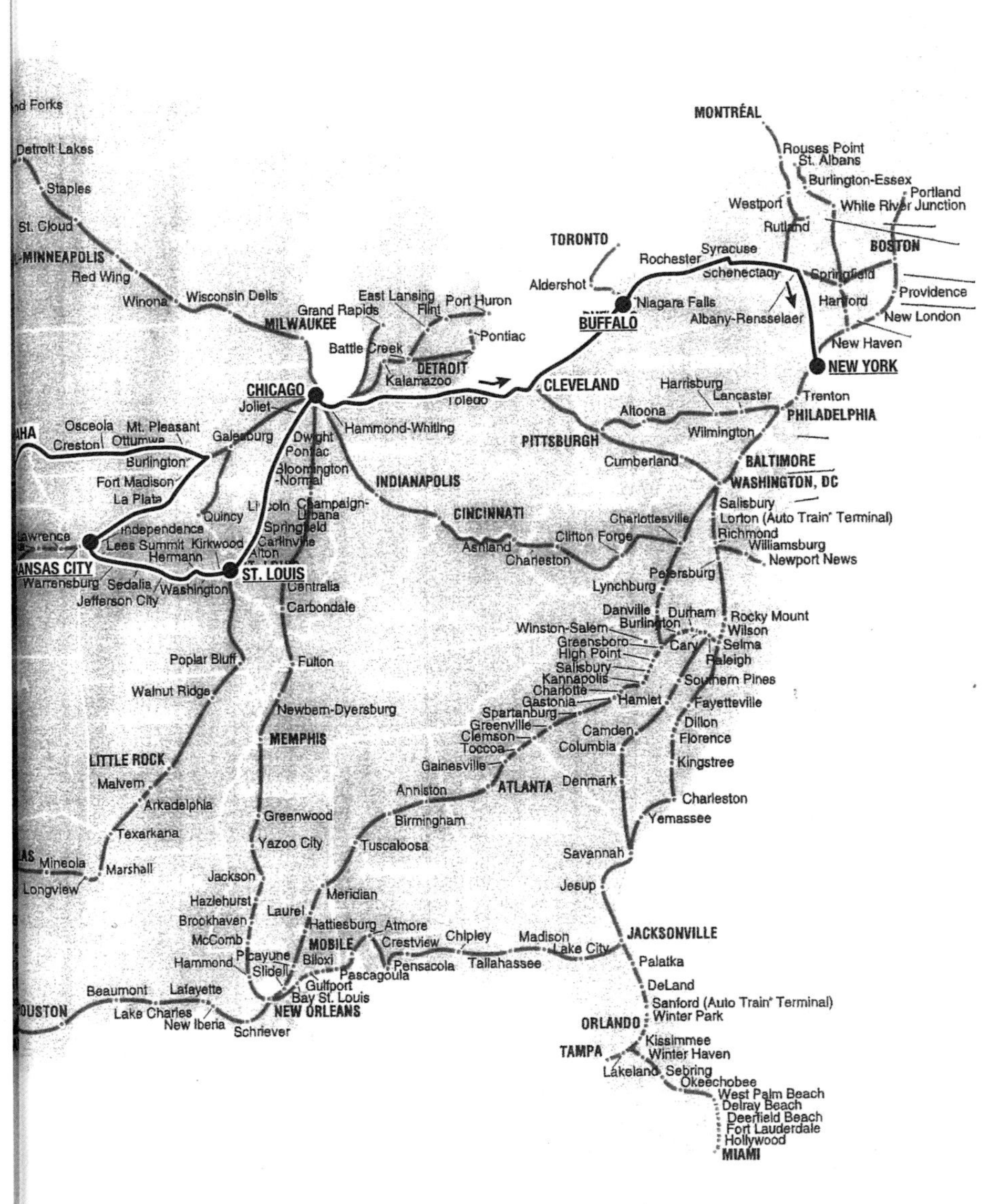

アメリカ大陸の鉄道路線図（AMTRACK　アムトラック路線図2005より）

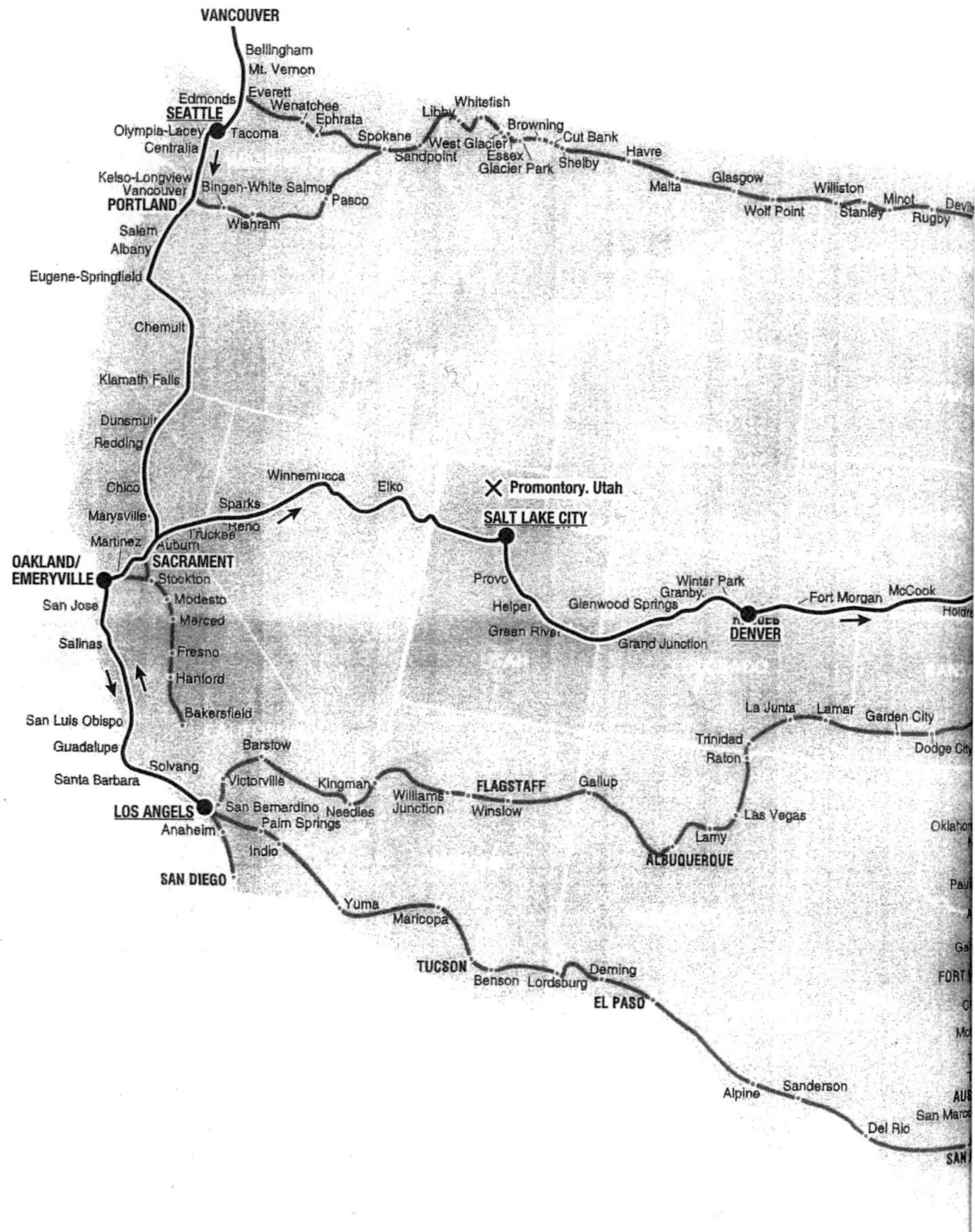
VANCOUVER
Bellingham
Mt. Vernon
Everett
Edmonds
SEATTLE
Wenatchee
Ephrata
Olympia-Lacey
Tacoma
Centralia
Spokane
Sandpoint
Libby
Whitefish
West Glacier
Essex
Glacier Park
Browning
Cut Bank
Shelby
Havre
Malta
Glasgow
Wolf Point
Williston
Stanley
Minot
Rugby
Kelso-Longview
Vancouver
PORTLAND
Bingen-White Salmon
Wishram
Pasco
Salem
Albany
Eugene-Springfield
Chemult
Klamath Falls
Dunsmuir
Redding
Chico
Marysville
Martinez
Winnemucca
Elko
Promontory, Utah
SALT LAKE CITY
Sparks
Reno
Truckee
Auburn
SACRAMENT
OAKLAND/
EMERYVILLE
Stockton
Modesto
Merced
Fresno
Hanford
Bakersfield
San Jose
Salinas
San Luis Obispo
Guadalupe
Santa Barbara
Solvang
Provo
Helper
Green River
Glenwood Springs
Grand Junction
Winter Park
Granby
DENVER
Fort Morgan
McCook
La Junta
Lamar
Garden City
Dodge City
Trinidad
Raton
Las Vegas
Lamy
ALBUQUERQUE
Barstow
Victorville
Kingman
Needles
Williams
Junction
FLAGSTAFF
Winslow
Gallup
LOS ANGELS
San Bernardino
Palm Springs
Anaheim
Indio
SAN DIEGO
Yuma
Maricopa
TUCSON
Benson
Lordsburg
Deming
EL PASO
Alpine
Sanderson
Del Rio

七―一　米国留学　について

父がアメリカ大陸横断の際乗りついだルートが現在のアムトラックとどう重なるのかは不明ですが、主要な路線には余り変化はない筈と考えて文章に従い主要都市を結ぶ路線を記しました。ただこの時より数十年前の１８６９年5月に、東西から建設されたユニオン・パシフィックとセントラル・パシフィック鉄道が初めて結ばれ歴史的な「ゴールデンスパイク」が打ち込まれた場所ユタ州北部プロモントリー（写真）は少しアムトラックからは外れた場所に見え長い間に路線の変遷もあったと考えられるので、祖父や原口さんたち第一回留学生や岩倉使節団そして父も、開通して間もない米大陸横断鉄道を利用するに当ってこの方のルートを通った可能性が高いと思われます。

父がカリフォルニアで様子を見に立ち寄った旧友沢井一郎の父君沢井市造氏は土木建設業界では伝説的な波乱万丈の生涯をおくった人物らしく、京都で生まれ北海道で鉄道工夫となり先輩松本荘一郎氏の知遇を得た後、大坂に出ながら仕事を失い粥をすする生活から一転、北海道に戻り成功して巨万の富を得たが夕張線の請負に失敗してまた無一文になるなど、初期の不安定な建設請負業界を象徴する浮き沈みの激しさで、父の旧友一郎さんの暴れん坊ぶりはあるいは父君を受け継いだものなのかも知れません。

1869年5月10日ユタ州プロモントリー（Promontory）で米大陸横断鉄道が完通した歴史的瞬間

七—二　ＲＰＩ（レンセラー工科大学）

これで大体、視察旅行も予定していた所は終了したので、帰途父の母校レンセラー工科大学のあるニューヨーク州トロイ（Troy）に立ち寄った。これは以前から、リッカード（R. Rickerd）氏から勧誘をうけて約束していた事を実行したわけである。

リッカード氏は、六月にあるコメンスメント（卒業式）には自分も出席するが、その時トロイに来れば父の級友にも大勢会える筈だから、ぜひ来いといわれた。この時は六月には間があったが、父とリッカード氏は同じフラターニテイ（Fraternity：大学のクラブ）D.K.E.（δκε：Delta Kappa Epsilon）に属していたので、トロイではD.K.E.の宿舎に連れて行ってくれたり、当時の学生でそこにいたコートニー（Courtney）兄弟（その父君が父とＲＰＩで同級）にも会わせてくれたりした。

六月のコメンスメントの時にも、校庭での集まりの際に多数の父の友人に紹介を受けたが、その中に橋梁の権威者であるモデイエスキー（Ralph Modjesky）氏もいた。そして氏がコンサルタントとして関係している、カナダのケベック橋の完成式が近日中に予定されているので、ケベックまで見に来いといわれたので、後日ケベックに早朝着いて橋に向かった所、途中で氏が悲痛な顔をして戻ってくるのに出会った。残念な事だがこれが、第一回のケベック・ブリッジ事故（崩壊）の時であった。間もなく「橋梁崩壊の原因調査ならびにその復旧方法について」の委員会が作られたが、その顔ぶれは設計・建設の際の委員が殆ど全員含まれていた。この考え方は、失敗はしたがその弱点を一番良く知っているのは設計した人たちだから、その間で議論するのが一番賢明という事のようで、日本のように直ちに誰の責任であるかという詮索をして、責任者は辞任となる風習とは大いに異なるものを感じた次第である。なおこの失敗の原因は、曲線形をしていた下部の弦材（lower chord）の材質の欠陥にあったと結論されたように聞いている。

さて、コメンスメントの際に、ＲＰＩではリケット（Dr. Rickett）学長とも面会する事ができたが、氏は父の一年前の卒業生で、父のことも良く知っており、大学院にあたるPost Graduate Courseで勉強してはどうかと勧誘を受けた。自分は以前から、米国で学生生活をやって見たいという希望を持っていたので、アカデミック・イヤーで一ケ年すなわち九月から翌年六月までの約十ケ月学校生活をおくれば事足りることでもあり、即刻入学の希望を申し出た。東京帝国大学の卒業をもって入学資格に認定して下さり、それでは九月はじめから出校しなさいと言う事で、話はまとまった。

ニューヨークに戻って、最初の留学予定期間の一ケ年を半年延長して貰う様に東京の本省に願い出て許可され、いよいよレンセラーに行く決意を固めて、その後しばらくはAsbury Parkで海水浴をやったり、サマー・スクールに通ったりして過ごした。

九月になってトロイに行き、リケット学長にお会いし入学の手続きを終え、鉄道関連の講義を受持っておられたカリー（Cary）教授を紹介され、その指導でPost Graduateのコースをやる事となった。カリー教授は、鉄道（Railway）の課目については三冊程のテキスト・ブックを指定し、週に三回指定された部分を読了する様に命ぜられた。その部分について教授から質問をうけ、また当方の質問には教授が回答される様にされた。また、構造工学についてはローソン（Lawson）教授、電気工学ではシュミット（Schmitt）教授の講義に出席する様にと指示された。かくしてこの年、大正五年（１９１６）九月から翌年の六月まで、トロイに滞在して勉学に励むこととなったのである。卒業論文としては、東海道本線の箱根越えをしている現在の御殿場線と、丹那隧道を掘り抜き、熱海—三島経由で小田原と沼津を結ぶ「新線」の経済比較をやることとした。

宿舎としては、最初一ケ月ばかり市内のいわゆるボーディング・ハウスに入ったが、隣室が夜やかましいので丘の裏側の閑静なチベット・アベニューにあるロバーツという人の二階の一室を借りて、三食とも賄って貰うことにした。同家の主人は市内の工場勤めで、夫妻と十才位の娘さんの三人暮らしで誠につつましく暮らしており、夫人は心優しい人であったので至極平穏に勉強する事ができた。

論文の作成には相当苦労したが、英文の拙いところはカリー教授が直して下さり、また期日間際には友人の骨折りでタイプすることも出来、どうにか提出することができた。卒業式つまりコメンスメントの際には、修士のガウンを借りて出席、多数の参列者の前で特にリケット学長（President, Dr. Rickett）から、〝小職は君の父君をよく知っている〟（I know your father very well—）という前置きで卒業を祝う言葉を頂き、大いに面目を施すことが出来たのである。

トロイ滞在中は、宿舎と学校の間を毎日往復して講義を聴き、また教授に個人的にも接触して勉学したので余り町に出る事もなく、もっぱら宿舎で読書にはげんでいたが、時には休日にロバーツ夫人の姪にあたる十六才と二十歳位の姉妹が遊びにくる事があって、連れ立って郊外に行ったり、スケートをしに行ったりした事もある。

トロイを引き上げてニューヨークに戻ったが、東京を出発する時から実は、出来れば米国のあとで欧州に渡りたい希望を持っていたのであるが、何分にも大正五年（１９１６）には米国も第一次大戦に参戦して、ドイツの潜水艦が大西洋にも出没するようになってしまい、欧州行きは残念ながら諦めるほか無くなった。

ともあれ米国では学生生活も経験し、工事現場ほかの視察もほぼ予定通り出来たのでアメリカ生活の締め括りとして、ニューヨークで米国土木学会（American Society of Civil Engineering）の図書館に通うことと、New York Rapid Transport の工事の視察をすることとして、宿をアップタウンの百四十番街（140th St.）にあるグッドマン夫人（Mrs. Goodman）の所に決めた。このグッドマン夫人の宿というのは、我々よりも前に留学した弥富氏などが開拓、その後黒河内、河野諸氏も定宿としており、我々の年代でも山田（隆二）杉本などの諸氏が泊まった所で、いわば鉄道関連留学者の定宿ともいうべき場所であった。グッドマン夫人はユダヤ人の婆さんではあるが実に気の良い後家さんで、親身になって我々をよく世話してくれた。ここでは朝食と夕食とを作ってもらって、昼だけは街で摂ることとした。その頃は、街にはチャイルドといって、安価であるがそれだけに少量でもある食事をサービスする店があったので、そんな所で昼食を摂ることが多かった。

七—二　ＲＰＩ（レンセラー工科大学）について

祖父平井晴二郎と父喜久松が留学して、共に修士 Master of Civil Engineering の学位を得たレンセラー工科大学 R.P.I. Rensselaer Polytechnic Institute は、米国東部の名門校ですがオランダ系のスティブン・レンセラー（Steven Rensselaer）が１８２４年創立した学校が工科大学に発展したもので、祖先のキリアン・レンセラーはオランダの東インド会社創立にも名を連ねている著名な貿易商です。

十六七世紀頃は新大陸でのオランダ勢力伸長期で、現在のニューヨークも旧名はニューアムステルダム、黒人街で有名なハレムも元来はハールレム（Haarlem）と言うアムス近郊の町名でした。ニューヨーク州の州都アルバニーからハドソン川を隔てた対岸のトロイ（troy）にあるＲＰＩは外国人留学生を多く受入れており、日本人では祖父より二年前１８７６年、北海道炭坑鉄道建設にクロフォード技師と力を合わせた松本荘一郎さんが卒業されています。祖父も恐らく松本先輩の勧誘で開拓使に職を得たと思われ、祖父と同じ１８７８年卒業の原口要さんも鉄道入りし六年後の１８８４年卒業の白石直治さんは関西鉄道社長になられるなど、明治初期の鉄道界は多くのＲＰＩ卒業者の活躍によって発展したと言っても過言ではないと考えられます。

大正時代父が留学した時にも祖父と旧知の仲の学長から学位取得の機会を与えて頂いた上、卒業式でも祖父をよく知る仲と言及され面目を施すなど日本にもまして同窓の絆は堅い様に見受けられますが、昭和六年（１９３１）には、業績顕著な卒業生を顕彰するため国の内外を問わず十名の名を新設の寄宿舎に冠する事となり、日本人では松本荘一郎、平井晴二郎の二名が選ばれてそれぞれ「マツモトドミトリー」「ヒライドミトリー」と名付けられました。

私は三回現地を訪問していますが、平成十六年（２００４）に撮影したヒライドミトリーとその前に立つ「不肖の孫」の写真（口絵）のシャッターをたのんだ通りがかりの学生に実は孫だと話した所「ヒライイズベリフェイマス（平井さんは有名人だ）」と応じてくれ気分を良くしました。祖父はＲＰＩのホームページにも写真入りで載っており、あながちお世辞ではないのかも知れません。内部をのぞいて見ると昼間で学生の気配はなく、間取りに余裕があり二階と合わせても定員は恐らく十名にならず、大学院など静かに勉学する学生の為の施設と思われ日本の旧制高校の寮の様な大勢で共同生活を送る場所とは雰囲気が違って、著名人の名を冠するに相応しく見えました。場所も大学本部のある中心部近くです。最初訪れた昭和三十六年（１９６１）には壁に蔦が這っていてアイビーリーグの名を文字通り体現していましたが、その後何かの理由で取扱われたのか二度目の訪問以後は壁がむき出しでした。ちなみにマツモト、ヒライ二人の日本人以外の顕彰対象者は、メモした所ではオリベイラ（Olivei1a）とかフォルヒース（Voorhees）などラテン系やオランダ系らしく思われる名前が多く見られ、ＲＰＩが世界各地から隔てなく学生を受入れた事を証拠だてています。ただし名門の成績査定は決して甘くはなく、祖父留学当時の学籍簿には他にも日本人の名がありますが卒業したのは祖父と同期生の原口要さんの二人だけです。余談ですが有名な岩倉使節団と同行した北海道開拓使派遣の女子留学生五人も二人はホームシックになり途中で帰国、残った津田梅子（津田塾大学創始者）や鹿鳴館の貴婦人として有名な山川捨松（大山元帥夫人）など三人だけが十年に及ぶ留学を終えています。捨松たち二人は祖父がＲＰＩを卒業した明治十一年（１８７８）にトロイとニューヨークの丁度中間にあたるポーキープシー（Paukeepsee）と言う町にある名門女子大学ヴァッサーカレッジに入学しており（津田梅子は別の大学）、その前の数年間は隣のコネクチカット州で高校生活を送っているので私が小説家なら二人の出会いでも設定したい所ですが、その才能はなくやめておきます。これも余談ですが岩倉使節団は別途、留学しても実力不足で卒業が見込めぬ学生を淘汰する使命も帯びていて、当時各省独自に選考していた事も原因らしく文部省が選考基準を初めて設定し送り出したのが、小村寿太郎さんや祖父などの第一回留学生です。話は飛びますが後年私が中東に駐在していた頃オイルマネーで産油国が送り出した留学生にも卒業できない者が続出し、国の負担に限度を設け見込みなければ帰国させる方式を考慮中と聞いたことがあって、似た事例は東西を問わずに起こるものらしく見えます。

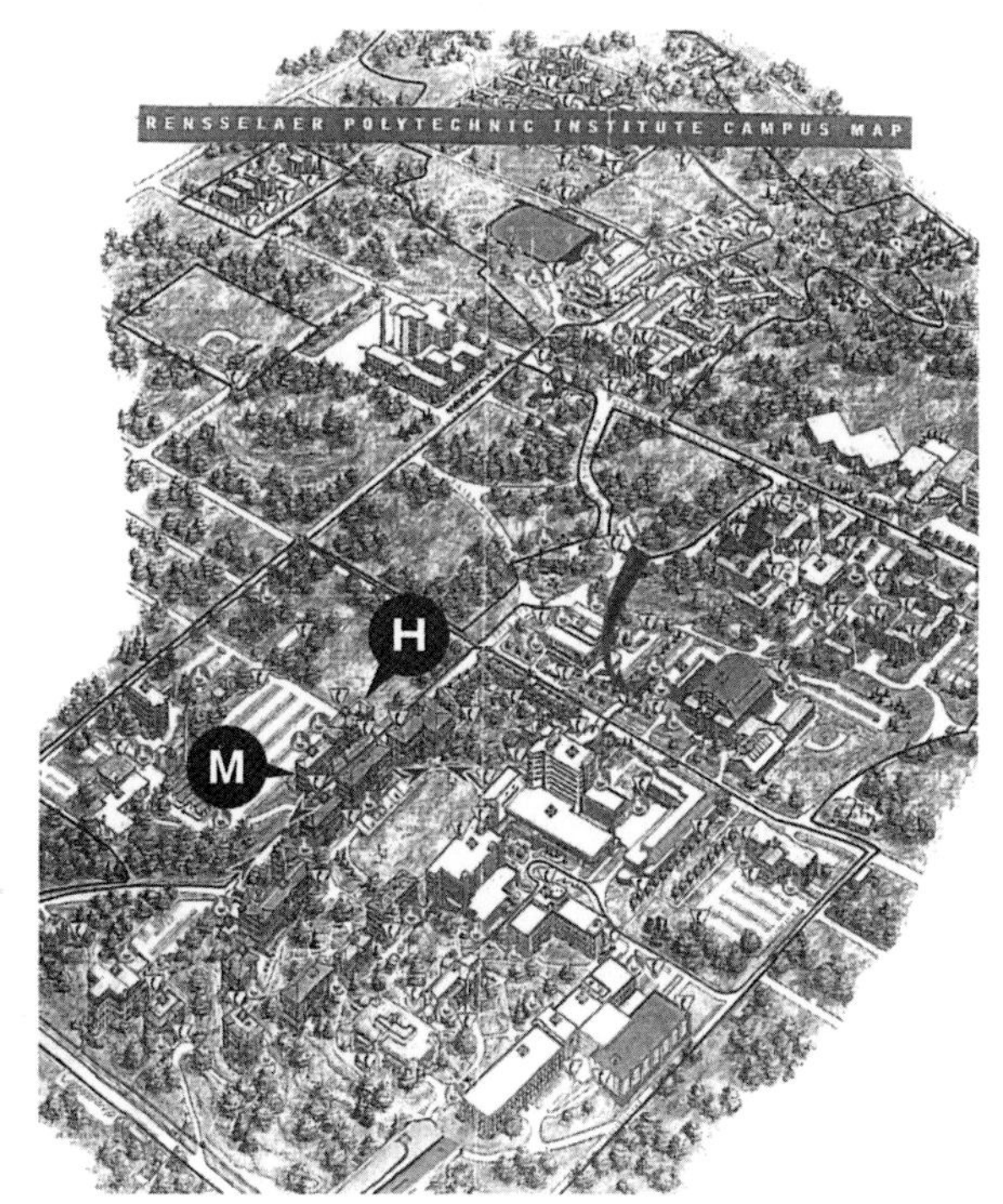

RPIキャンパスマップ（2004）
M-マツモト　H-ヒライドミトリー

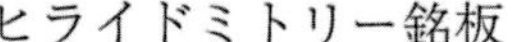

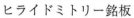

ヒライドミトリー銘板

八　退官（原題　華北交通時代）

昭和十四年（１９３９）年八月に、私どもに対するいわれのない嫌疑にもとずく事件の第一審判決が下った。そして、私への判決は無罪であった。検事も控訴する意思なしとの事で、ほどなく無罪は確定した。九月には、各方面の方々から平井喜久松、黒田武定の二人についての雪冤会（無実を祝う会）が上野精養軒の大広間で、盛大に開催された。恩師の三土忠造先生をはじめ、先輩、知人など多数の方々から激励の言葉を賜わり、皆々様の暖かい友情と、ご激励に対し感謝感激のほかは無かったのである。

内田元鐵相懲役八月（執行猶予一年）
平井博士ら五氏は無罪
國鐵疑獄の判決下る

読売新聞
昭和14年（1939）7月26日 夕刊

雪寃の主迎へる心盡し
返咲く平井氏に鐵相の計ひ

読売新聞
昭和14年（1939）8月6日 夕刊　2面

父の遺稿はここですべて終わり、続く鉄道省退官や原題の華北交通入社についての記述はなく事件の経緯や当時の家庭環境についても空白のままなので、やむをえず章の題名を変更して、事件の経緯と退官の事情について私が筆を加え、華北交通入社以後の父の生涯についても以下に改めて書き加える事にします。

この〃いわれのない〃事件とは通称「鉄道疑獄事件」の事で、三年前の昭和十一年（１９３６）二・二六事件の年に当時の内田鉄道大臣など幹部が業者から収賄して便宜を図ったとして起訴され、工務局長の父も検挙されました。当時私は小学校入学前なので記憶にありませんが、無罪確定の時は小学三年生で新聞記者が家に来てフラッシュがたかれ驚いた覚えがあります。父は鉄道院の新人時代に北海道で四年余り現場経験を積んでいますがその後鉄道省（鉄道院改称）では本省勤務が長く、丹那隧道（トンネル）や関門隧道の位置調査などを担当の後、改良事務所長と言う土木関係では中心的な地位から工務局長昇進と、エリート官僚としての道を順調に歩み、この間に母校東大から工学博士の学位も受けています。家庭面では大正九年（１９２０）島根出身で日本郵船勤務の三原繁吉長女多恵子と結婚して翌年長女林子（りん）が生まれ、大正十四年（１９２５）次女壽々（すず）子、昭和六年（１９３１）には長男喜郎（よしろう）と三人の子の父親になっています。新婚時代はＪＲ五反田駅近くに住み目黒川氾濫の被害にあったそうですが、池上線桐ケ谷駅（廃駅）に近い祖母キヌの地所に麻布霞町（現六本木ヒルズ近く）にあった岳父三原繁吉の豪邸（地図に〃三原邸〃と載る程で二階建て洋館に和室付き）を移築して三原家と二所帯同居し、祖母の隠居所や家作（貸家）も周辺に建て城塞の様な環境を作りつつあった矢先の「青天の霹靂」でした。しかし経済的には余裕のある暮しむきの上、肉親の情を差引いても収賄などする人とは思えず無罪は当然と思われますが、結局父はこれを機に退官し、その直後の昭和十四年（１９３９）十月、満鉄の子会社華北交通の顧問に就任して本社のある北京に赴任しました。

父は祖父晴二郎の三男ですが、長兄の武雄は美術学校（現東京芸大）を出て洋画家となり、次兄文雄は京大医学部を出て医者の道を歩んだので、祖父と同じ土木を専攻して鉄道畑入りし派遣されてアメリカ留学、それも祖父と同じレンセラー工科大（ＲＰＩ）で同じ学位を得るなどと祖父の足跡をなぞるかの様にエリート官僚の道を順調に歩んでいた父は、恐らく生まれて初めての深刻な挫折を味わった事になります。それも生なかの挫折ではなくて、後年の話ですが地質専攻の学生だった私がある鉱山の宿舎で南京虫（家ダニ）に悩まされた話を母にしていたら思いがけず父が口を挟み、退治の仕方など大変詳しいので訳を尋ねたら「留置所に沢山いたから」という答で驚きました。当時私はともかく、母や姉など家族の心労も並大抵では無かった筈ですが事情聴取に来た検察の人の態度も厳しく、当時母方祖父の邸の移築工事は完了前でしたが「この屋敷も汚い金で作るのか」に近い事を言われたらしく、後年姉に来た縁談でも（当時は見合い相手の経歴や縁戚を知らせ合った）相手の親戚に検察畑の人がいると母が即座に断るので、父が「検事にも立派な人はいる」と言っても全く同意しなかったとか。母の心の傷の深さを思わせる話ですが、当時まだ〝お上の威光〟は輝き警官も長剣を腰に威張っていた時代で、その上役の検察が強圧的でも当然なのかも知れません。

今一つ私に強い記憶があるのは小学校低学年の当時、多分週末に留置所から戻った父が突然「九品仏（くほんぶつ）にボート漕ぎに行くが一緒に来るか」と言い出した事で、九品仏は大井町線沿線の寺ですが前に当時相当大きな池（今は消滅）があり、家族旅行など別にし父と二人ボート漕ぎなど滅多にない事で喜んで同行したのですが…父は生来寡黙な方ですが電車の中でも貸ボートを漕ぐ時でも全くと言ってよい程口をきかず、時々「君も少し漕いで見るか」など言う位で子供心にも少し異様に感じました。後からの推量に過ぎませんが、恐らく鬱屈した気分から中学高校では選手も務めたボートを、例え貸ボートでも無性に漕ぎたい心境だったのではと考えられます。ただ口はばったい事を言う様ですがこの挫折は、父にマイナスにだけ働いたとは言切れぬ様に思います。専門が違うので仕事場で父との接点は無かったものの、同輩や後輩の方々との付合いや会合等の機会に見る父は確かに、息子の欲目で無くとも人間が練れていて頼もしい人物に見えましたが、その原因はこの時と、終戦後満州（現中国東北）でソ連軍や中国軍に抑留されて後に身一つで帰国した時と二度の〝試練〟

の中で体得したものにあったのではないか、という気がしてなりません。

工事中の東京駅と旧鉄道省本省ビル（1947年頃）

丸屋根に戻った東京駅現況（左端のビルあたりが鉄道省跡地）

九　華北交通時代

昭和十四年（１９３９）十月、我が家に集まりフラッシュをたいて、父の鉄道省退官と初めての民間会社華北交通入社とを取材に来ていた当時の新聞の記事を一部転載致します。この時の父は記者の誘導があったにせよ珍しく冗舌で「人間は潮時に身を引くものだ」「大学を出て約三十年白髪混りになったが多くの人に面倒を見て貰い役所を去る自分は幸福だ」などと退官について語り、更に北京へは「喜んで行く、国のお役に立つなら何処にでも」「一生懸命やる、土方仕事ばかりで詩歌に気持を託す余裕はないが」などと語っています。

祖父晴二郎も中華民国（袁世凱大統領、孫文鉄路総公司時代）交通部顧問として十数年駐在しており親子二代の北京勤務ですが、私事になりますが我々家族もその余徳を受け戦時中昭和十六年（１９４１）十八年（１９４３）二回夏休みを北京で過ごす機会に恵まれ、今と違い古都の面影が色濃く残っていた北京の風物には全く魅了されてしまいました。日本軍占領下でいわば進駐軍家族に近い立場だった事もあり、宿舎が当時最高級のホテル北京飯店（現存）三階西側から紫禁殿（故宮）を見はらす絶好の位置（梅原龍三郎画伯が「北京秋天」など一連の秀作を描かれたアトリエは恐らく一・二階上）でその影響もあるでしょうが、森の多い豊かな自然に囲まれ数

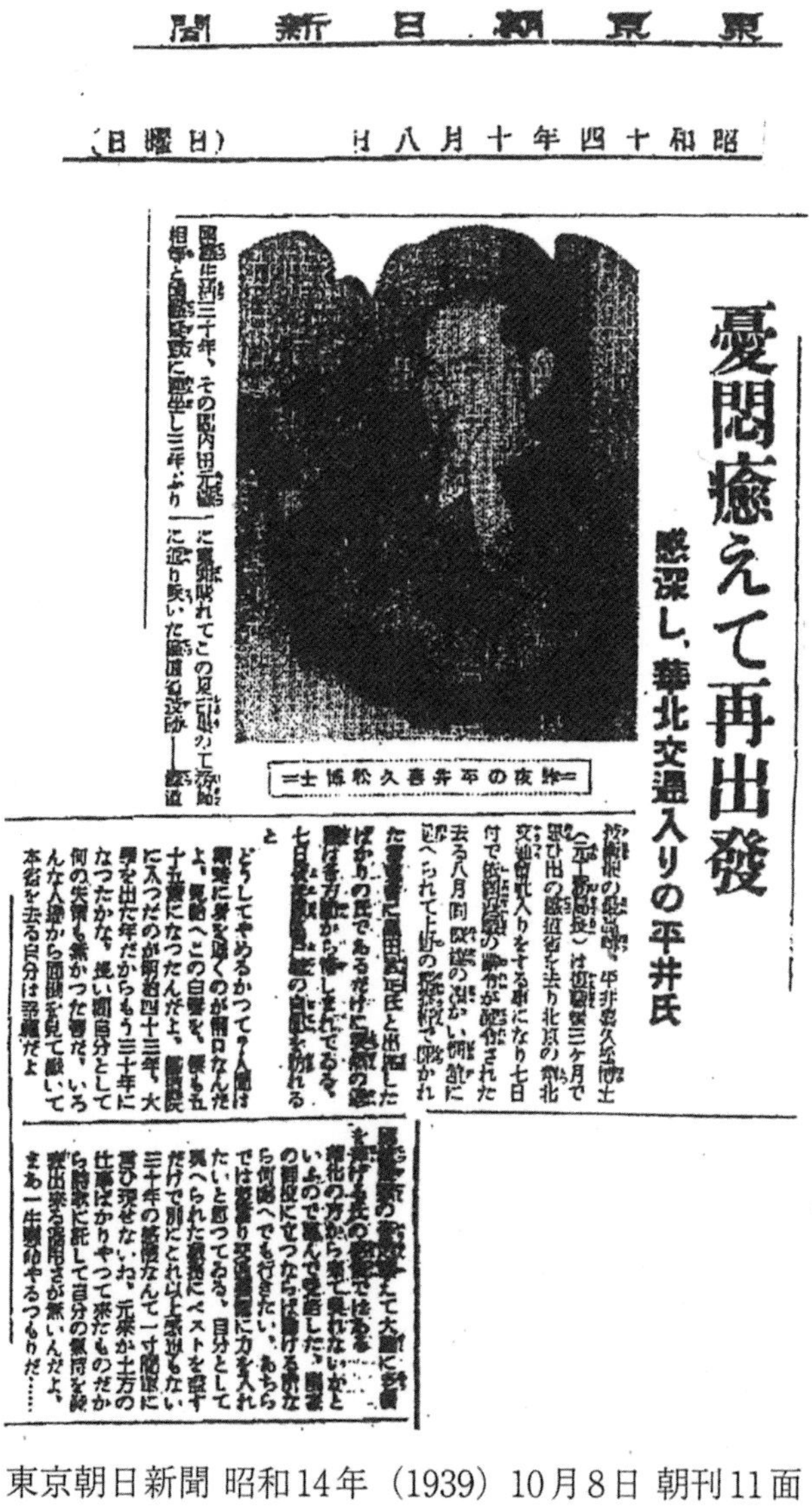

東京朝日新聞

昭和十四年十月八日（日曜日）

憂悶癒えて再出發

感深し、華北交通入りの平井氏

＝昨夜の平井喜久松博士＝

東京朝日新聞 昭和14年（1939）10月8日 朝刊11面

千年の歴史を持つ永遠の都という風格を感じました。当時は城壁が長方形の内城と外城を区切ってそびえ立ち、所々に楼門が森の中から見え隠れしていたものですが、約五十年後（１９９０）再訪した時には城壁も楼門もほぼ全部取壊され、跡地は高速道路になり失礼ながら安アパートが林立する東京と似た感じの町並みになって、首都機能の為には仕方ないとはいえ実の所少し落胆しました。

左箭楼、右正陽門　合せて前門（チェンメン）（A）

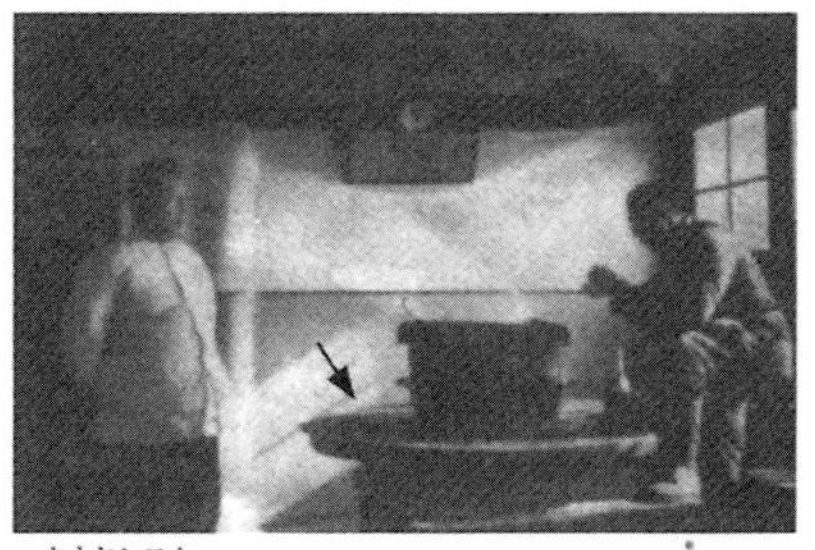

烤羊肉（カオヤンロウ）の店（矢印の鉄板で焼く）

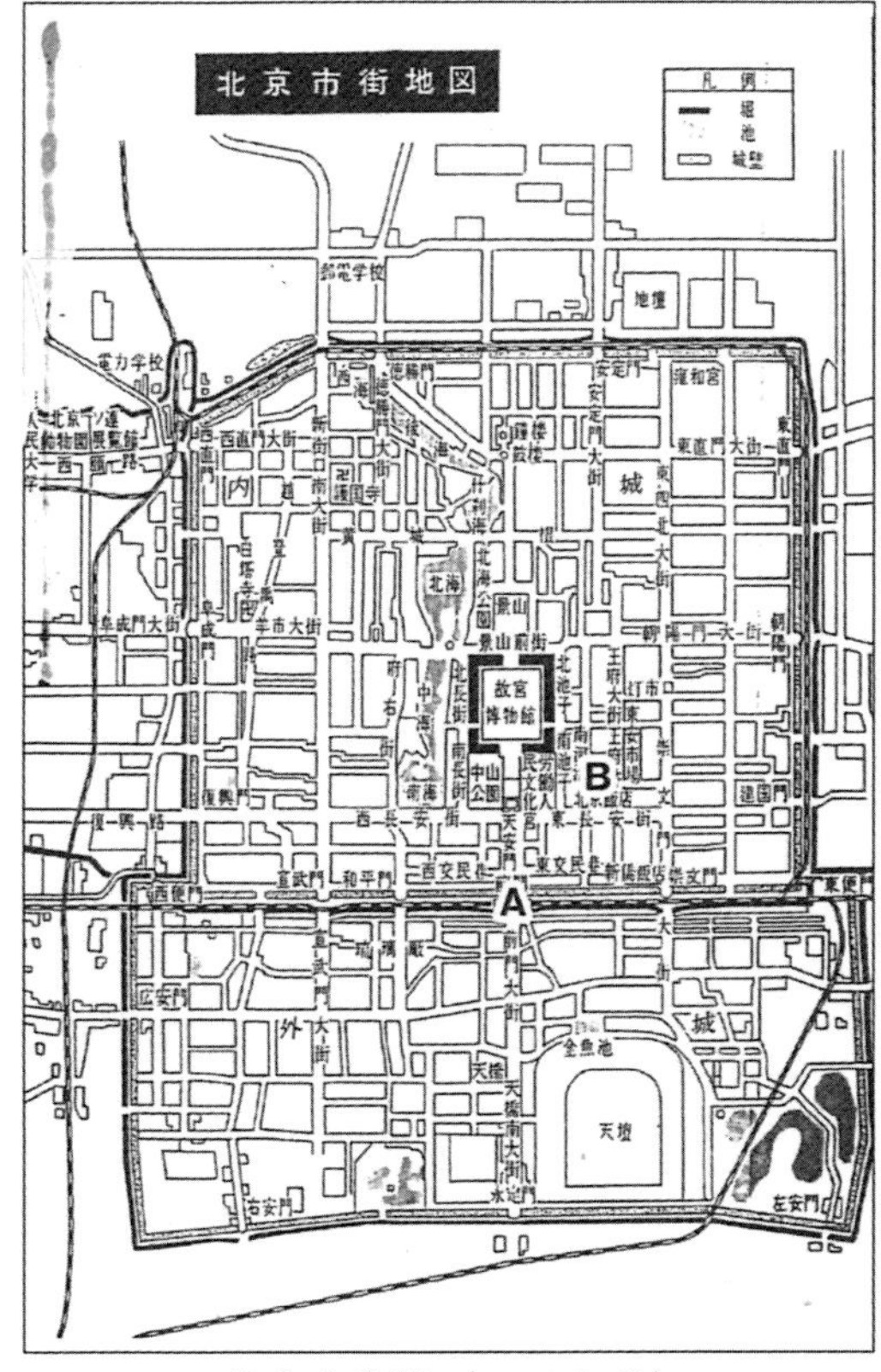

北京市街図（1940年代）
（A前門　B北京飯店）

北京飯店玄関(矢印父の住居308号)

現在の天安門広場と北京飯店（矢印）

当時もう一つの魅力はグルメで、日本では到底見られぬ豊富で変化に富む食材、特にジンギスカン—烤羊肉など大陸的に豪快な食べ方で味もすばらしくこれではどちらが戦勝国なのだろうと思いました。一回目の時にはまだアメリカ海兵隊もいて「可口可楽」コカコラも味わいました——当時はただ薬くさいだけの印象でしたが。

仕事の内容は父に余り聞きませんでしたが、「石徳線」石家荘—徳県間新線関連書類が机に乗っていた記憶はあります。軍隊と違い鉄道建設作業にはゲリラも手出しが少なかったとか、結局中国資産となったので当然とも思えます。北京市内の故宮（当時は紫禁殿）景山やラマ塔のある北海、郊外の頤和園（当時は万寿山）はもとより当時内蒙古と呼ばれていた地域にも汽車（北京—包頭間の京包線）で行く機会があって、大同の巨大な石仏を見て感嘆した事も覚えています。山海関に近い北戴河（中共首脳会議が開かれるリゾート近く）では当時の北京飯店（Grand Hotel de Peking）支配人ムッシュー・ロスタン（フランス人）のお嬢さんと海水浴をしたり、二度の夏休みは楽しい思い出が溢れていました。往復のルートも仲々魅力的なものでした（写真）。昭和十六年には神戸から大阪商船の「うらる丸」で大連まで行き大連汽船「北京丸」に乗かえて天津外港の塘沽に到着、帰路は汽車で奉天（現瀋陽）経由大連—神戸「熱河丸」。十八年は戦時中で関釜連絡船「崑崙丸」の船窓は閉じた儘でしたが、釜山からは寝台列車「興亜」で北京まで二泊三日と大陸的な日程で、新幹線なみの広軌でもあり快適でした。当時の満州国は独立国、北京の癸東政府（華北政務委員会）も一国と言う建前なので通関や検疫で時間を取るのが長旅になった理由ですが、広野に赤い夕日が沈むと寝台を作って寝に着き、翌日の昼間は普通の客席に戻り夜はまた寝台になると言う繰返しは当時子供だった為もあって苦にはならず、むしろ楽しみでした。

うらる丸（6,375トン）

北京丸（2,300トン）

熱河丸（6,750トン）

崑崙丸（7,900トン）

旧大連埠頭

私達家族を運んだこれらの船は全部戦時中米潜水艦に沈められ、特に崑崙丸は昭和十八年十月に五百人余りが犠牲となり関釜航路も一時閉鎖されましたが魚雷を放った潜水艦「ワフー」も後に宗谷海峡で沈み海軍が仇討ちを果しています。他の船はほぼ一方的に沈み戦時大きな犠牲を払った海運業界の象徴と言えます。

戦時中北京の交通手段は、僅かな自動車以外は洋車(ヤンチョウ)―人力車ばかりでしたが、その後北京再訪の時（１９９０）には広い道幅一杯に自転車が溢れて走っており、その次の国際地質学会（１９９６）の時はもうタクシーばかり走る時代で、いわば三代に亘る交通手段を見た事になります。

父の勤めた「華北交通」は満鉄の子会社ですがかなり肌合いの異なる会社の様に見えました。関東軍のお膝元新京（現長春）が本社で政治的な色彩が濃い満鉄と、北支派遣軍管轄でも中国現地で純粋に鉄道の復旧建設に当る会社の差とも言えますが、当時習い覚えた「華北交通青年隊歌」にもその気質は端的に現れている様に思われます。

…ゴビの砂漠に風荒れて／黄塵空を覆うとも／大地を踏んで揺(ゆる)ぎなく／隊伍堂々進むべし（中略）ヒマラヤの峰高からず／タリムの盆地遠からず／若き先駆の力もて／やがて行くべしカスピ海／我ら鉄道青年の／きけ遠大の建設譜…（後略）

華北交通青年隊歌

侵略のお先棒を担いだなどと今言うのはたやすい事ですが、父の部下だった当時の青年の多くは純粋に使命感に溢れていた様に感じましたし、事実建設に妨害の入る事は稀だったそうです。余談ですがタリム（塔里木）は新疆ウイグル自治区のタクラマカン砂漠と同じで広大な海水準より低くにある盆地を意味し、石油の産出地としても有名ですが中学生の私にはロマンを感じる響きがあり、半世紀余り後平成八年（１９９６）学会で初めて訪れた時には当時を思い出し言葉にならぬ感慨を覚えたものです。

終戦後の北京については又聞きの知識しかありませんが、日本人一般より鉄道関係者には当りが柔かく済んだとも聞いています。ただ漢奸と呼ばれる対日協力者の措置は厳しく、華北政務委員会長王揖唐氏も処刑されました。同氏の顔は大相撲北京場所（進駐軍――北支派遣軍慰問で娯楽の要素が強く戦後解説者の怪力玉ノ海が重量横綱照国を吊上げて見せたりした）の時見ましたが清朝末期の科挙合格者らしい硬骨の人で、裁判の間沈黙を守り判決寸前「裁判長はニセ物だ昔大学の同僚だ」と叫び調べたら本当で裁判長入獄となり、別の裁判長から死刑判決を受けたとか。父の書斎には戦災で失なわれるまで王潤貞さんと言う親日家の達筆な額「君子慎獨」が掲げてありましたが日本人の奥様共々どんな運命を辿られたのか、最近死去した女優の李香蘭――山口淑子さんも漢奸容疑では苦労され、北京のご家族から日本人国籍の証明が軟禁された上海に何とか届いたので、無事に帰国されたと聞いています。

十八年一月十五日改正

釜山・京城・安東・奉天・北京 間

粁程	運賃 一等	運賃 二等	驛名		京城 特急 123 17	北京 急行 123 9		新京 急行 123 7		奉天 急行 23 5	奉天 23 47		哈爾濱 123 1		北京 急行 123 3		奉天 23 43	京城 23 602			
0.0	圓 銭	圓 銭	下関	發	…		… 123	(連絡船時刻ハ省略)				…	…	…	…	…	…	…	…	…	…
226.0	20.00	10.00	釜山(棧橋)	着								…	…	…	…	…		…	…	…	…
0.0			釜山(棧橋)	發	6 50	7 20	┐	8 00	┐	8 55	…	…	19 45	┐	20 10	┐	…		…	…	…
0.0	圓 銭	圓 銭	釜山	〃	│	急行		急行		急行	9 40	…	急行		急行		21 00		…	…	…
49.2	3.00	2.00	三浪津	〃	特急	8 11		↓		9 46	10 58	…	20 44		↓		22 30	木浦發 18 50	…	…	…
124.8	7.50	5.00	大邱	着	8 46	9 32	…	10 18	(のぞみ)	11 07	12 50	…	22 07	(ひかり)	22 32	(興亜)	0 21		…	…	…
				發	8 51	9 37	…	10 24		11 12	13 01	…	22 12		22 37		0 32		…	…	…
195.1	11.85	7.90	金泉	〃	↓	↓	…	↓		12 35	14 46	…	↓		23 56		2 30	…	…	…	…
283.2	17.10	11.40	大田	着	11 40	12 46	…	13 43		14 37	17 58	…	1 20		1 46	…	4 51	1 45	…	…	…
				發	11 45	12 52	…	13 48	…	14 43	18 08	…	1 25	…	1 51	…	5 03	2 15	…	…	…
320.4	19.35	12.90	鳥致院	〃	(あかつき)	(大陸)	…	↓	…	15 19	19 00	…	↓	…	↓	…	5 49	3 16	…	…	…
353.2	21.30	14.20	天安	〃			…	↓	…	15 50	19 46	…	↓	…	↓	…	6 35	4 08	…	…	…
408.8	24.60	16.40	水原	〃			…	↓	…	16 40	21 04	…	↓	…	↓	…	7 50	5 32	…	…	…
441.3	26.55	17.70	永登浦	〃	↓	↓	…	16 26	…	17 13	21 25	…	↓	…	↓	…	8 30	6 22	…	…	…
447.3	27.00	18.00	龍山	〃	↓	15 22	…	16 39	…	17 25	22 08	…	3 57	…	4 27	…	8 44	6 38	…	…	…
450.5	27.15	18.10	京城	着	14 00	15 27	…	16 45	…	17 30	22 15	…	4 03	…	4 33	…	8 50	6 45	…	…	…
				發	…	15 37	…	16 58	…	17 40	22 40	…	4 10	…	4 40	…	9 10	…	…	…	…
523.9	31.50	21.00	開城	〃	…	↓	…	↓	…	18 55	0 30	…	↓	…	↓	…	11 02	…	…	…	…
533.0	32.10	21.40	土城	〃	…	↓	…	↓	…	19 07	0 46	…	↓	…	↓	…	11 16	…	…	…	…
603.8	36.30	24.20	新幕	〃	…	18 18	…	19 41	…	20 26	2 30	…	6 41	…	7 22	…	13 10	…	…	…	…
650.7	39.15	26.10	沙里院	〃	…	↓	…	20 32	…	21 17	3 43	…	↓	…	8 11	…	14 25	…	…	…	…
674.7	40.50	27.00	黄海黄州	〃	…	↓	…	↓	…	21 43	4 22	…	↓	…	8 37	…	15 07	…	…	…	…
711.2	42.75	28.50	平壤	着	…	20 16	…	21 43	…	22 27	5 21	…	8 24	…	9 20	…	16 10	…	…	…	…
				發	…	20 21	…	21 50	…	22 34	5 40	…	8 30	…	9 25	…	16 25	…	…	…	…
786.9	47.25	31.50	新安州	〃	…	↓	…	↓	…	23 58	8 01	…	↓	…	10 40	…	18 44	…	…	…	…
834.6	50.10	33.40	定州	着	…	22 31	…	0 05	…	0 48	9 01	…	10 33	…	11 26	…	19 48	…	…	…	…
				發	…	22 36	…	0 10	…	0 53	9 06	…	10 38	…	11 31	…	19 55	…	…	…	…
868.1	52.20	34.80	宣川	〃	…	↓	…	0 51	…	↓	9 55	…	↓	…	↓	…	20 45	…	…	…	…
947.2	57.00	38.00	新義州	〃	…	0 47	…	2 25	…	3 04	11 49	…	12 38	…	13 34	…	22 43	…	…	…	…
949.8	57.00	38.00	安東	着	…	0 52	…	2 30	…	3 10	11 55	…	12 43	…	13 40	…	22 50	…	…	…	…
0.0			安東	發	…	1 22	…	3 00	…	3 45	12 35	三棵樹着 7 25	13 13	…	14 10	…	23 30	…	…	…	…
…		236頁	宮原	着	…	5 25	…	7 17	…	7 43	19 47		16 54	…	18 28	…	6 15	…	…	…	…
275.8		237頁	奉天	〃	…	7 15	…	9 09	…	9 33	22 48		18 42	…	20 34	…	8 40	…	…	…	…
580.6		241頁	新京	〃	…	│	…	14 00	…				23 17	…	│	…		…	…	…	…
…			北京	〃	…	22 40	…		…	…	…			…	13 35	…	…	…	…	…	…

国境の駅安東

鴨緑江（安東―新義州間）鉄橋を渡る列車

奉天（現瀋陽）停車場

十　その後の父

鉄道省（現ＪＲ）退官後、昭和十四年（１９３９）十月華北交通顧問に就任して本社のある北京に赴任した父はその後理事に昇格し、現地の鉄道の復旧や石徳新線（石家荘―徳県間）建設など本来の仕事に生甲斐を感じていたと思われますが、昭和十九年（１９４４）突然、親会社満鉄（南満州鉄道）副総裁就任が発令されて新京（現長春）の本社に移りました。家族にも寝耳に水の発令は戦時中だからでしょうが、戦争は当時もう負け戦の様相でイタリアは脱落し、前の年夏休みに家族で乗船した関釜連絡船崑崙（こんろん）丸もアメリカ潜水艦に撃沈されておりそれでも姉の壽々子だけ何とか一人で父の顔を見に新京（現長春）に行きましたが、私にはその機会はありませんでした。終戦の昭和二十年（１９４５）一月、父が一旦帰国して荏原（現品川区）の家に顔を見せた時に偶然Ｂ29の空襲があり緊迫した事態を実感したためか、懸案の家族疎開計画などを手配して行った様ですが、満州国（現中国東北）で終戦を迎えた父は進駐して来たソ連軍や中共軍などに抑留されてしまい、昭和二十二年（１９４７）一月北九州に上陸するまで混乱した世相の中で家族には本当に長く感じられる、父親不在の期間が続きました。帰国の時許された荷物は全く僅かしか無く、敗戦国民の屈辱を味わった時代の事は思い出すのも嫌なのか自分からは語らず家族も聞きにくく、ソ連の話が出ると突然顔色が変り「ロスケの奴…」などと言うので相当辛い経験をしたらしいと推察するだけでしたが、父は技術者また組織の幹部として幾分かはきびしくない環境にいたらしく、それも沈黙の一因かと思われます。戦後同居していた祖母キヌと両親、それに私の写真が巻末にありますが場所は漸く一家だけで住む事になった世田谷区北沢（現代沢）の家で、それまでは当時常識的だった遠縁の親戚と二所帯同居で台所も時間割りで使用し、ぬれ縁が玄関代わりの生活でした。満鉄幹部は公職追放となったので帰国後暫くは論文翻訳などしていましたが、追放解除された後では現在の鉄建建設や西武鉄道など鉄道土木関連会社の経営者となる一方で土木学会の会長も務めています。大学時代の章でふれた様に東大土木学科同期には父に劣らず元気な方が多く、卒業二十五周年などの節目には良く会合を開かれますが、昭和三十一年（１９５６）奥多摩で開催の四三会（明治四十三年卒業同期会）卒業四十五周年記念会（写真）の時点で生存者は十一名（生存率約三割）父を含め六名の方が出席、古希（七十歳）を越えて全員現役か準現役として仕事を続けておられ驚嘆に値します。

「四三会」卒業四十五周年記念会（於奥多摩）
左から　保原元二（不動建設）　山田胖（奥多摩工業）　中村廉次（北建社）
平井喜久松（鉄建建設）　菊地英彦（青学大教授）　撮影　本間孝義（新潟県）

川久保博夫・平井林子結婚記念写真
（昭和十八年十月　於　麻布霞町カトリック教会）
新郎新婦と媒酌の田中耕太郎・峰子夫妻を挟み両家の親族
平井家関連では左から平井喜郎・平井恒子・三原祖父母・平井壽々子
伊庭フサ・平井多恵子・平井喜久松・三原佐代子（ブーケ）三原佐智子
平井政子・平井文雄・三原吉志子（ブーケ）最後列の中程平井キヌ祖母

一方家庭面では残念ながら暗い話が続き、昭和十八年（１９４３）麻布霞町教会で田中耕太郎・峰子（松本荘一郎氏令孫）夫妻媒酌で結婚した姉林子の夫君川久保博夫陸軍中尉（旧制静岡高―東大）は燃料本部勤務中結核を発病し戦後まもなく死去して、林子は修道院入りしました（昨令和四年百歳で死去）。今は抗生物質で完治する結核も当時は不治の病で、長兄武雄伯父の長男晴一さん（国鉄に就職が決っていた）も文雄伯父の長男晴彦軍医中尉も時期は違うが同じ病で倒れています。次女壽々子は大正末の生れで配偶対象者が大量に戦死した世代で長く独身が続き（後年第一銀行重役を勤めた小竹永三氏と結婚、次の写真）長男の私も大学院など道草が長く晩婚だったので、八十歳を過ぎた昭和四十三年（１９６８）に漸く初孫（私の長男）が生れた時父は本当に嬉しそうな顔をしていて、或いは私の最大の親孝行だったかも知れません。名付け親を頼んだら早速「喜一」と書いた奉書が届きましたが母の話では最初私に付ける筈の名前だったらしくその辺の事情はもう分かりません。

八十を越えても海外交通事情調査委員会メンバーとして東南アジア諸国を飛び廻る程元気は衰えず、悩みはゴルフのスコアが上がらぬ事位かと言うほど充実した後半生でしたが、現役の肩書を多く持ったまま昭和四十六年一月二十七日八十五歳で死去しました。死ぬ直前母の長年の希望を受け入れカトリックの洗礼を受けたので、吉田茂元首相と同じ様に「天国泥棒」（洗礼を受けてから罪を犯す期間がないので直行できる）をなしとげた事になります。葬儀委員長は当時西武鉄道（後に国鉄総裁）の仁杉巌さんでした。土木学会誌に岡田信次さんが書かれた追悼の辞を転載させて頂いて終りに致します。

壽々子姉の夫君小竹永三氏（故人）上にある額の絵は平井武雄画伯筆「信州稲荷山千曲川の図」（1976年頃）

父平井喜久松の墓（多摩墓地）
狛犬は祖父晴二郎の中国土産

故　名誉会員　元会長　平井喜久松氏の逝去を悼む

昭和 46 年 1 月 27 日，平井さんが亡くなられた。昨年夏に健康を害したと言われ，慶応病院に入院されたが，御見舞に上ったところ「気管支炎をこじらしたのだが，大したことはないよ」と言われ，お元気だったので，ホッとして一日も早い御回復を祈ってお別れしてきた。そして 9 月半ばには退院され，10 月頃から種々の会合に出席されるので，安心して一層の御自愛を祈っていた。特に 12 月下旬海外鉄道技術協会の理事会にも出席され，「大分健康になったから，ボツボツゴルフをやろうかと思う」と言われたので，〝それは結構ですが，今は寒い最中ですから，4・5 月頃まで我慢なさい。その折はいくらでも御一緒しますから〟と申し上げたのに。それが 1 月半にまた健康を害され，再び慶応病院に入院され，遂に亡くなられてしまった。まことに淋しい限りである。平井さんの御尊父晴二郎さんが，今の国鉄の前身鉄道院の総裁であり，私の父も土木系統で，平井さんの下にいたので，汐留の官舎で御一緒だったから，子供の時から喜久松さんを知っていた。私が小学校に上らぬ頃，高師附属中学の制服をつけた，端麗の平井さんにたびたび接したのである。そして大正 12 年鉄道省に奉職し，工務局改良課に配属されると，平井さんが主任技師で厳しいが，温かく訓育を受けた。平井さんは寡言の士であったが，信念の堅い方で，正邪曲直の判断が正しく信ずるところに勇往邁進された。

平井さんが工務局改良課長時代，私はその下の技師であったが，いずれ航空機時代が来るが，鉄道輸送と航空輸送の関連をどうするか考えねばならないと言われ，それには東京駅のホームの上を滑走路にできぬか設計してみろ，ホームのアプローチも入れれば 1 粁位の滑走路は作れる筈だ。それにはまづ飛行機に乗ることだと御一緒に所沢の陸軍基地に赴き，軍用機を出して貰い東京の空を一周したこともある。東京駅の飛行場は無理で実現しなかったが……。また国鉄が昭和 5 年に初めて省営バスを岡崎－多治見間に運行した。その後間もなく私は在外研究員を命ぜられ，その研究題目は<欧米における自動車道路並に踏切保安設備>であった。これなども将来の自動車輸送との関連に対する平井さんの深遠な考慮からである。

平井さんの改良課長，工務局長時代は新線建設も盛んであったが，改良工事も最盛期で，東海道線を初め各地の線増，新鶴見，稲沢，吹田等操車場の新設拡張，横浜，名古屋，大阪，神戸駅等の大改良等々，さらに関門トンネルの調査着工など当時としては大変な工事であった。室蘭，小樽の石炭船積設備の大改良なども，平井さんの考案である。これら全国にまたがる大改良工事の総師として，腕を振るわれた。平井さんは昭和 14 年 10 月鉄道を御退職後，間もなく華北交通の理事，建設局長として，中国の鉄道建設に御苦労を重ねられたが，昭和 19 年 3 月には満鉄副総裁になられ，敗戦色濃い時代に数々の労苦をなめられ，彼地において敗戦を迎えられた。当時は平井さんの消息がつかめず，ただ御元気を神に祈るばかりだったが，22 年 1 月元気に帰国され一同ホッとした次第である。そしてお元気な姿を拝して，戦後の混乱時代に，平井さんのような大人物に活躍して頂かねばならぬと考え，御無理を願って，鉄道建設興業株式会社の面倒をみて頂くことになり，昭和 30 年 10 月まで同社の社長，会長として，今日の鉄建建設会社，不動の基礎を築かれた。御承知のような方なので，鉄建建設御退任後も，文字どおり引張りだこで，日本輸出入石油株式会社，株式会社日本構造橋梁研究所の社長，日本鉄道施設協会会長，日本交通協会副会長等等として，縦横の活動をつづけられた。その間当学会の第 41 代会長だったことは御承知のとおりである。さらに驚異に値することは平井さんが 79 才のとき，東南アジア建設事情調査団の一員として，東南アジアの各国を短日時の間に巡って来られ，御自分で撮られた美事な写真入りの貴重な報告書を出版されたことである。

平井さんの一生を顧るとき，御家庭に恵まれ，交友も豊富，後輩に尊愛され，御活躍の舞台も広く，それに関連して幾多の功績を残されたから，まことに羨やましい限りである。これ一重に平井さんの御人徳，御努力の結果であることは言うまでもない。最後に平井さんは 50 余年にわたって，ゴルフを楽しまれ，私もたびたび御一緒したが，ゴルフのプレーにも平井さんの平素の御性格が表われ，私の〝良きゴルファーは良き社会人なり〟との信念を一層うらづけて頂けた。ここに平井さんの御遺徳を偲び，その御冥福を祈る次第である。　(名誉会員　元会長　岡田信次・記)

（付録）樺木・平井家と牛窪家のルーツ

平井家の祖先は樺木林左右衛門（かばきりんざえもん）と代々名乗る加賀藩士でしたが、明治になって祖父晴二郎が「樺の字が書き難いから」と言う理由で簡単な字の平井にしたのだそうです。百万石の加賀藩士とは言え実態は〝またもの〟とも言う陪臣（家来の家来）で殿様にお目通りなど出来ない足軽に近い小身だったらしいのですが、それでも十年ほど前に生まれてはじめて父祖の地金沢を訪れて今に残る武家屋敷を見たところ、百万石加賀藩の城下では足軽でも今ならば５ＬＤＫ（応接、居間、寝室、台所など）位にも相当する一戸建て住居に住んでいたらしく、祖父もこの様な所から「政道館」と言う藩校に通い、更に上京して大学南校と外国留学にまで通じる階段を昇られたのか、と感慨がありました。一方祖母の実家牛窪家は三万五千石の小藩とは言え舞鶴の田辺藩執政役の大身（殿様牧野家の縁戚とも言う）で、祖父が結婚の後「世が世なら口もきいて貰えないな」と言われたそうです。残念ながら祖父は大正末死去されており昔話などお聞きする機会は私にはなく、曾祖父の名が貞三で祖父はその次男だったらしい事、大伯父樺木金（こん）さんの幼名「喜久松」を父が受ついだ事、位しか分っておらず、樺木姓は能登に多いと聞きましたが確かではありません。一方祖母キヌの方は長男武雄と次男文雄が先に死去し三男の父と同居される期間が長くなり、母多恵子が世話しながら昔話を聞く機会が多くあってご祖先の事も相当詳細に分っています。キヌの祖父に当る牛窪攬暉亭成弘（らんきていしげひろ）という安政三年（１８５６）死去した方は山崎闇斎門下で頼山陽とも学友だったと言われ父茂太郎（号松軒）も昌平塾で学び田辺藩執政役の地位についています。三男五女と八人の子供のうち祖母は丁度中間になる三女で七歳の時に殿様牧野家の姫君のお相手（ご学友）として御殿に上るという当時では破格の光栄あるお役目に選ばれて、何とか無事に務めて拝領した雛人形の一部を両親が長姉の嫁入り道具にしてしまい大変不満で、と母は幾度となく聞いたそうで娘心の執念なのでしょう。戦災で烏有に帰した祖母の雛人形は、たしか大小二対の内裏雛から三官女、五人囃子と型通りの役者に加えて使丁（しちょう）とか言う筈を持った掃除人夫や女中さん相当の侍女に長持や御所車まで含む大規模なもので、母が「こんなにあれば少し位姉上にさしあげても…」と言ったとか。奇跡的に疎開荷物に紛れこんで今に残る犬ハリコ（写真）はカケラに過ぎませんが、西洋種が入る以前の和犬の姿を伝えている様に思います。屋敷の門の脇にはご家人長屋が数軒あり、父上ご登城の時には長屋に住む家来が草履取り役を勤め正装姿の父上を母上が紋付に御たいこ帯を前で結び、髪は片はずし「歌舞伎の政岡の様な」衣装で見送られ絵の様な景色だったそうですが、幕末から明治にかけ武士の暮し向きは大身でも内情は苦しく、俸給はお扶持米という現物のカビ臭い古米だけで味噌醤油をはじめ木綿や絹まで自家製で、木綿は綿の実から取る綿棒を子供は全員十本程作らねば寝られないし絹は蚕から育てて織るもので、皮肉な事に祖母は名前がキヌなのに蚕の世話は大変に苦手でさわると発疹する程だったとか。舞鶴は土地柄桧葉カレイやイサザ（こうなご）など海の幸は豊富な上時には猪もとれて食に不自由は無いとは言え、武家の日頃の食卓は誠に質素で、月に何日かご先祖の命日だけその方の好物例えばノッペ汁で祖先を偲んだものだそうです。

犬ハリコ

平井晴二郎　子孫（概略）系図

（初版（2016）から転載－ほぼ全員故人）

（杉）
陽子
平井晴二郎
キヌ
（牛窪／河瀬）

- 武雄（恒子）
  - 晴一
  - 勇次（美保子）
- 文雄（政子）
  - （赤星）茂子
  - 晴彦
- 喜久松（多恵子）
  - （川久保）林子
  - （小竹）寿々子
  - 喜郎（恵美子）
- 秀雄（はま）
  - 隆司（美智子）
- 成瀬正忠・シカ
  - 清三郎
  - （俵）忠子
- 伊庭琢磨・フサ
  - 洋二（なみ江）
- 原田立之祐・ユキ
  - 祐
  - 篤子（恒雄）
  - （辻村）はな子
- 晴雄（英子）
  - 富美
  - 一郎
  - 達雄
  - 義郎

下線は次頁の写真に写っている方々。
この表では夭折した孫（成瀬宗彦さん他数人）は省略しました。

平井	武雄	美術学校（現東京芸術大学）卒　洋画家
	恒子	旧姓神埼　戦前から女流評論家として著名
平井	文雄	京大医学部卒　慶応病院で平井内科長　六代目尾上菊五郎主治医
	政子	旧姓前田（加賀藩主前田家の血筋）
平井	喜久松・多恵子旧姓三原（別に記述）	
平井	秀雄	神戸高商（現神戸大）卒　長く京城電気（現韓国ソウル）勤務
	はま	旧姓藤田（福岡出身）秀雄・隆司とも戦後出光興産勤務
成瀬	正忠	慶応義塾大学卒　実業家（電気事業関連）
伊庭	琢磨	慶応義塾大学卒　実業家（大阪商船シカゴ支店長勤務など）
原田	立之祐	早稲田大学卒　実業家（商船会社など長く外地勤務）
平井	晴雄	東京大学卒　実業家（紡績関係）長く関西（芦屋、豊中）在住
	英子	旧姓谷口（岳父は紡績関係大御所豊三郎氏）

（敬称略）

平井晴二郎・キヌ親族集合写真

左端で大層ご機嫌な顔の祖父晴二郎をかこんで。撮影時期は子供たち（孫）の年齢から大正十三（1924）年頃、祖父の末娘ユキと原田立之祐氏との結婚前後かと推定されますが、現在生存者は95歳の姉（川久保）林子一人だけになりました。

後列　成瀬正忠・平井喜久松・原田立之祐・平井文雄・原田ユキ
中列　伊庭フサ・平井キヌ・平井政子・成瀬シカ・平井多恵子
前列　平井茂子・伊庭洋二・成瀬清三郎・平井晴彦・成瀬忠子・平井林子

洋画家の長男武雄は軽井沢のアトリエにいる事が多く、四男秀雄は京城（ソウル）在住、五男晴雄と次女フサの婿伊庭琢磨とは関西在住で写真には写っていません。祖父の還暦記念写真（口絵）にはほぼ全員顔を見せていますが秀雄伯父は例外なので、戦後（1948頃）世田谷区北沢（現代沢）の家の前での写真を掲載します。

左端秀雄・はま夫妻、祖母キヌ、両親と晴雄伯父、私

キヌ祖母は姉妹の中でも社交的で人に呼ばれれば真先に手を挙げる方で、勝気な上学問好きな祖母は十二才の明治九年（１８７６）両親に頼み込み、宮津藩家老河瀬家の養子として江戸勤めの伯父秀治の籍に入って下男一人を連れ上京し、竹橋の女学校（現お茶の水大学）に首尾よく入学しました。河瀬家は四谷近くにあったらしく、お堀端の道を男袴をはき紫の包に本を入れて歩くと心から生甲斐を感じたそうですが、卒業も近い明治十六（１８８３）年十九歳で祖父晴二郎と結婚します。詳しい事情は不明ながら当時の女性にしては晩婚とはいえ安政三年（１８５６）生れと八才も年上で今流なら「バツイチ・コブツキ」に近い祖父との結婚は曲折もあった様ですが親の権限は絶対的な時代で泣き寝入りしたものか、ともあれ真相は伊庭琢磨と言う娘婿（私の伯父）の「いきさつは兎も角お義母はんはお義父さんに惚れなはったんや」という、関西人らしい率直なご意見に或いは尽きているのかも知れません。

牛窪家は代々子供が八人育つ伝統があり河瀬姓の祖母も受ついでか五男三女（一人生さぬ仲）の子持ちですが、夫君は北海道内や大阪など出張が多く召使いはいても祖母の苦労は並大抵ではなくエピソードにも事欠きません。書生の大村斉さんがお目見えの時も突然見知らぬ青年が「今日からお世話になります」と言って現われ追返しも出来ぬ中、帰宅した祖父が「もう来たのか、今日紹介された青年だが見所がありそうなので書生に雇う事にした」携帯など無い時代致し方ない事かも知れません。大村さんはその後陸軍士官学校（第九期）を卒業して工兵将校となり地形図作成部門である陸地測量部部長などの要職を経て中将にまで昇進されたので、見所があるとの祖父の眼力には狂いはなかったと言えます。

平井（樺木）家の宗旨は日蓮宗で金沢下鶴間町にある経王寺の檀家ですが、キヌ祖母も家風に従い熱心な日蓮宗信者で朝夕の読経は一日も欠かさず、毎月祖父命日の廿八日には出られる限りの親戚にお呼びがかかって祖母の読経を聞いた後会食に移るのが定例で、祥月命日の六月廿八日には本門寺での本格的供養がこれまた定番でした。昭和の初期夏休みには長女シカの嫁ぎ先成瀬家の逗子の別荘に孫達など大勢で避暑に行く習慣で、読経の時は孫達が交代でウチワで扇ぎますが子供は退屈してザワザワし始めます。日連宗のお経は最後「南無妙法レング経」の繰返しですが祖母は唱えつつ「誰ちゃん座りなさいナムミョウ…何ちゃんオイタは駄目よ、ミョウホウレン…」と的確に叱られるので、おばあ様は背中にも目があると恐れたとか。孫達全部を引つれて避暑に行ったり事ある毎に親戚を集め宴席を設けたりするのが大層お好きな方なので派手好みの様に見えても、孫の私から見れば引つめ髪で小柄なやさしいおばあ様で祖父と中国滞在中に西大后（シータコウ）（ラストエンペラーの時代権力をふるった清朝末期の皇太后）とあだ名された方とは想像出来ませんが、恐らく十人は越える召使達を統率する才能をうやまってのあだ名かとも思われます。また育ちは争えないもので母が祖母とご一緒した北海道旅行（多分昭和四年札幌駅前に設置されたクロフォード、松本荘一郎、平井晴二郎三人の胸像除幕式に出た帰途）の時登別（のぼりべつ）で旅館の大浴場に早朝二人で入浴中、混浴なので男性が現れた瞬間に祖母があわてて「男の方がいらした、出ましょう早く早く」と叫ばれたので、母もやはりお姫様育ちの方だなと実感したそうです。これは育ちとは関係ないかも知れませんが、食べ物の事を「お芋さんお豆さんゴボウさん」と敬称付きで呼ばれていたのも印象的でした。人間は生命維持のため止むをえず動物植物を犠牲にするので敬意を払っても当然という哲学が、自前で豆をそだて潰して味噌醤油に作りかえ蚕をそだてて絹をつむぎ出す日常の中で自然に発生したものであれば、コンビニで何でもすぐ手に入る今の生活に甘えてはならぬと言う祖母の無言の教訓の様にも思われます。

宗旨の事に話を戻すと焼失した東急池上線桐ケ谷駅（昭和28年に廃駅）近くの土地家屋も祖母が遺族年金を使って買増して行かれたらしく本門寺に近い事が第一条件でした。十月の「お会式（え）」の頃日夜を問わず池上に向かう信者のトン・トントンという太鼓の音は、私の耳にも幼時の記憶として今も残っています。祖母は九十二歳まで生き「おじい様は向うでいい人が出来なさったんかしらん、なかなかお迎えに来て下さらんわ」とよく言われていましたが、昭和三十一年（１９５６）父の家から安らかに旅立たれました。祖父と祖母の墓は生前の念願通り本門寺の五重塔近くにあり、札幌での御者を皮切りに足の具合の悪い祖父の面倒を見続けた忠僕で、天涯孤独の身でもあった「久太郎之墓」も片隅にひっそりと立っています。

祖父戒名　徳寿院殿光暉日晴大居士　安政三年―大正十五年（１９２６）享年六九歳
祖母戒名　仙寿院妙徳日絹大姉　元治元年―昭和三一年（１９５６）享年九二歳

池上本門寺五重塔

平井家墓所
右隅に‘久太郎之墓’がある

(付録) ヨネおばさん (Mrs. Yone U. Stafford)

祖母キヌの旧姓が牛窪で、叔父河瀬秀治の養女となって平井家に嫁いだ事は前述の通りですが、次兄の牛窪第二郎(だいじろう)さんもこの河瀬の叔父の引きで渡米し、日本の浮世絵や美術品を扱う古美術商「山中商会」ニューヨーク支店長を勤められており父が種々お世話になった事も遺稿に描かれています。河瀬秀治はキヌの父牛窪松軒の実弟で隣の宮津藩家老河瀬家の養子となり、維新後上京して明治政府に出仕し明治九年(1876)内務省勧商局長に昇進、費府(フィラデルフィア)万博事務官長もした人物で第二郎さんは起立工商社(きりつこうしょう)と言うこの人の作った会社派遣で渡米し、山中商会にスカウトされたと考えられます。単身赴任だった第二郎さんは日本に残した夫人を亡くされた後にアメリカ人と結婚し、生れた娘が「ヨネおばさん」で長じてスタッフォード(Bradley E. Stafford)夫人になりますが、製紙会社重役だった夫君はダートマス大と言うアイビーリーグ(Ivy League 東部のエリート大学群)出なのでいわゆる白人エスタブリッシュメントの一員です。私がお会いしたケネディ時代一九六一年にも晩年とはいえキリッとした美人の面影は残っていました。戦前私が幼い頃に二回来日されていますが(横浜港でテープの端をにぎった記憶がかすかにある)牛窪家では必ずしも歓迎されず(第二郎さんの相続問題がらみか)叔母に当るキヌ祖母上がよく面倒を見た事をヨネおばさんは大変徳とされて、終戦直後から祖母の所に日系二世のアメリカ兵を通じ(子供がなくハワイなどの二世の面倒を見ておられた)大量の食料や衣類雑誌が次々送られて来て、父の帰国前で生活に苦しんでいた一家には干天の慈雨を通り越して大変な天の恵みであり、キヌ祖母上の余徳が孫達にも及んだわけです。余談ながら日系でもアメリカ兵なのでGIかたぎに変りはなく、我が家は当時は当り前の遠縁の親戚との二所帯同居で(台所も時間割)ヌレ縁が玄関代りでしたが、その上に靴で上り「エブリボデイ・イン?(みんないる?)」と大声で叫ぶ陽気な人達でした。私の姉壽々子は当時二十歳を僅か過ぎた妙齢で、時には見送ったりするうち近所では「あの家パンパン(進駐軍向け娼婦)になったらしい」と噂されたそうで、当時の世相を反映しています。その中何とか外国通話も出来るようになり祖母上と海を隔てた米国の姪との十数年ぶりの会話(母が通訳した)「ヨネですか、お懐かしいねえ」とキヌお祖母様も涙声でしたが、アメリカ人らしくすべてに積極的で平和運動などもやっていたヨネおばさんは早速現地の新聞に一部始終を投稿されており、現在手元に無いのは残念です。後の話ですがキヌ祖母上が亡くなった後、母が親戚の誰彼に声を掛け追悼文集（私家版）を作った時ヨネおばさんは英文で寄稿し「ブライト・アンドブリリアント」と言う表現で「キヌ叔母様」を称えていますが英文では「完璧な女性」に近い最高の褒め言葉だそうで、ヨネおばさんの傾倒ぶりが窺えます。私の初めてのアメリカ訪問の時はマサチューセッツ州西部スプリングフィールド（Springfield）のお宅に伺い夫君ブラドレイ氏や近くに住むボストン美術館日本部長富田幸次郎・ハリエット夫妻に紹介され、祖父と父の母校レンセラー工科大学（ＲＰＩ）に案内して頂くなど、船が来る迄の十日間大変お世話頂きました（私の留学は往復とも船）。当時評判だったミュージカル「マイ・フェア・レデイ」を見せて頂いた事も感激で英国で原作「ピグマリオン」を見ていたので大筋は理解でき大変よい思い出です。父もＮＹで生涯唯一のオペラ「カバレリア・ルステカーナ」を見せて貰ったと語っていたので、ヨネおばさんの母上と同行した可能性が高く芸術面でも二代に亘る恩になります。ヨネおばさんの父君第二郎さんの勤務先「山中商会」について詳しくは知りませんでしたが、最近刊行の朽木ゆり子著「ハウス・オブ・ヤマナカ」（新潮社２０１１）によるとニューヨーク目抜きの五番街に支店を構える超一流古美術商で、最盛期にはボストンなどにも支店があり創業者は京都の山中一家ですが、大番頭格の牛窪第二郎取締役ニューヨーク支店長は当時の紐育（ＮＹ）日本人会の重鎮でもあった事がわかりました。写真は大正八年（１９１９）訪米中の尾崎行雄氏を主賓とする天長節祝賀会に出席された後のものですが「紐育日本人発展史」（１９２０刊行）も手掛けられていて、その寄付者名簿には大隈重信侯や渋沢栄一、賀屋興宣などの諸氏に並んで父の岳父に当る三原繁吉祖父の名もあり（当時母と訪米中）後に親戚になるとは露知らぬお付き合いだったわけです。父も「牛窪の叔父がニュージャージーの別荘に全従業員（当時約三十名）を集めてクリスマス休暇を…」云々と書いており、総合商社など全く無かった当時日本を代表して活躍した企業と言えるので、この山中商会が戦争のあおりで全財産を失い消滅してしまったのは誠に惜しまれます。

ヨネ・ブラドレイ夫妻

牛窪第二郎（山中商會取締役）　赤尾善次郎（赤尾森村組重役）
茂木喜太郎（茂木桃井組社長）　篠崎清次郎（古河商事會社紐育支店支配人）
堀越善重郎（堀越商會主）　今西兼二（日米信託會社常務取締役）
古谷竹之助（村井貿易會社重役）　草信竹治（村井貿易紐育支店長）
瀧藤治三郎（太洋貿易重役）　鈴木四十（高峰商事會社支配人）
田口一太（高峰博士秘書役）　本田増次郎（著述家）
ドクトル高見豊彦　林富平（紐育母國訪問團長）
手塚國一（故森村ブラザース支配人）　小畑久五郎（澁澤子爵秘書役）
櫛引弓人（企業家）　角田柳作（紐育日本人會幹事）
片山彌六（紐育日本人會書記）　山野仁兵衛（伴傳兵衛商店支配人）
瀬古孝之助（東洋棉花會社取締役）　高田孝雄（岩井商店紐育支店支配人）
牧野克次（美術家）　中村桂次郎（セール、フレーザー商會重役）

執行弘道（セール、フレーザー商會員）侯爵大隈重信
佐藤永孝（横濱生糸株式會社重役）　永井柳太郎（代議士）
大隈信常　鹽原又策（三共株式會社專務取締役）
福井源次郎（三共株式會社取締役）　福井藤吉（大正製藥取締役）
三原繁吉（元郵船會社參事）　津田長衞（國際通信社々員）
田中實（森村組重役）　大島供佐（茂木桃井組副社長）
伊藤良吉（森村新井商會員）　武藤貞雄（臺灣銀行員）
安田弘（朝鮮銀行員）　濱岡五雄（日本銀行調査局長）
永井秀吉（永井商會重役）　田島繁二（三井物產紐育支店支配人代理）
功力寅次（伊藤忠商事會社紐育支店長）春日井佐吾一（古河商事株式會社員）
赤松祐之（外務書記官）　柴四郎（元外務參政官）
賀屋興宣（大藏書記官）　大胡强（東洋汽船參事）

緒言

「紐育日本人発展史」寄付者名簿の一部

ヨネおばさんとボストン美術館との交流も父君の余徳と言う事は今になって思い当たり、数十年も経過した後で今さらながら、心からの感謝の念を新たにしました。

紐育日本人会天長節祝賀会（1919）記念写真
前列左から二人目牛窪第二郎氏（矢印）

祖父と訪米中の母多恵子（洋装）
*帰国後は生涯和服で通した

二世GIルーサ（流沙）小川（中央）と
ポール佐久間（右端）
父の誕生祝で盛装している（1947）

（付録）三原家と三原邸

父喜久松は大正九年（１９２０）三十五歳になって三原繁吉長女多恵子と結婚し、翌年に姉の林子が生まれています。繁吉は島根県邑智郡三原村で村の名を頂く三原家の五男として文久二年（１８６２）に生まれ、若い時に長崎に出て英国の商館に勤めた後日本郵船に就職し、下見政子と結婚したすぐ後の明治三十年（１８９７）から四十年（１９０７）まで、十年間も香港支店長を勤めました。母は祖父が赴任した年に生まれたので十年もの間香港で暮らす事になり、カトリック系の幼稚園に通っていた事から受洗してマリアテレジア多恵子になっています。私の英語は幼稚園流などと言っていましたが母国語とほとんど変らず、後に私の米国ヒューストン駐在時代私の子供らつまり孫の顔を見に渡米して旧知の人々に会うため一人で飛び廻っていた時でも、全く身辺に不安などなく送り出せたものです。生前かなり文化活動にも熱心で、生花（イケバナ・インターナショナル）のほか刺繍の一種絽刺（ロザシ）についてアメリカ婦人と共著で英文紹介書を出版していますが、この著者の写真だけでなく和服で生涯通していて実は私は母の洋装姿は祖父と訪米中の写真以外見たことがありません。恐らくアメリカ滞在中五頭身？の私に洋装は似合わぬとか感ずる所があったのでしょうが、暑い盛りでもユカタ戦時中は勿論モンペで通して便利なはずのアッパッパ（簡易ワンピース）などは持ってもいなかった様です。理由は結局聞けませんでしたが。一方美智子皇后の母校聖心女子学院第一回生（文雄伯父夫人政子伯母―旧姓前田―も同期）にしては勇敢な所もあり安いからと馬喰横山辺の衣料問屋に小売商を装って行き一度は成功したが、二回目は怪しまれ隠語が通じず撃退されたと笑っていた事もありました。祖父繁吉は文化人でもあり、浮世絵の三原コレクションは松方コレクションと並び称せられるほどの存在で樋口五葉さんなど専門の絵師彫り師や刷り師などを自宅によんで浮世絵の復刻や制作までしていました。香港から帰国後に住んだ麻布区霞町（現六本木ヒルズ近く）の英国風豪邸は区の地図に「三原邸」とのっている程で、全体像がないのは残念ですが部分的に残る映像からも規模の大きさは分ります。二・二六事件で有名になった近衛三連隊の隣にあたり二階建て西洋館と日本間をつなぎ合わせ多くの木々に囲まれて立つ風景はイギリス的とも言えるものでした。設計者は不明ですが鹿鳴館設計者のコンドルの一派かとも思える重厚な作りで、屋根付きの車寄せがある表玄関に内玄関、ご用聞きの出入りする勝手口と三ケ所出入り口がありました。娘婿である父喜久松の平井家の土地で二世帯同居する事になり昭和の初め桐ケ谷に移築した後でも規模には変りがなく車寄せの屋根が消えた位で、間数を勘定した事はありませんが日本間や倉庫を入れれば恐らく二十は下らず、三原家の祖父祖母と叔母（菊池）多萬子（栗山）富士子、三男誠は天井が高く居間や食堂にマントルピースがある洋間に平井家は日本間に住み共通して当時では珍しいスチーム暖房が通っていてボイラー担当の土屋千代太郎「じいや」が畑の中の別棟に住んでいました。じいや夫妻は一寸した規模の畑でトマトなど野菜の収穫も担当、後の話ですが戦争で奉公人が全部姿を消す中この畑は母の奮闘で乏しい配給をおぎない、炎天下に手伝わされた私が音を上げたら「三原家は百姓の出だし私はホンコン育ちで暑さに強いの」と言われ納得しました。戦災で辺り一面焼け落ちた時にも、炎が渦まく中この畑に逃げて助かったので避難所の役割までして貰った事になります。畑と反対側の別棟には植木屋神谷幸次郎さんが住み、住込みの女中（お手伝い）さんが常時三、四人いました。庭先には平井キヌ祖母上の二階建て隠居所があり、また当時周辺は竹やぶや畑ばかりで用心をかねて家作（貸家）数軒が母屋をかこんで建っていました。居間にはグランドピアノ応接には縦型と二台のピアノが置かれ、富士子叔母が主に弾いていたので私も真似をしクラシックをかじる事ができました。青い壁紙の食堂には船会社の出らしく木製のドラがあって遠くで遊ぶ子供を呼び寄せる時などに使われました。騒音の高い初期の電気洗濯機や冷蔵庫なども置かれ贅沢な様でも財閥などと呼ばれるには程遠く、平井家三原家共せいぜいブルジョアの一員と言う程度、大正から昭和初期上流階級（のはしくれ）の生活は似たようなものかと思われます。

A. Lucille Hurley

A. Lucille Hurly (right)
Born in U.S.A. traveled and lived in Iran, Singapore, Australia, South Africa, Hong Kong, Kobe & Tokyo Japan and Europe. Served on Ikebana International board second and first Vice President for 7 years and as International President.

Tayeko Hirai

Tayeko Hirai (left)
Born in Tokyo 1897 Lived in Hongkong, New York and Tokyo accompaning her father who was in N.Y.K. Steamship Co. Educated at the Sacred Heart. One of the first graduates of Tokyo Served on the I.I. Board for several years. Rozashi is one of her lifelong hobbies.

ROZASHI　絽刺

Art of Japanese Silk Embroidery
平井多恵子　A. Lucille Hurley 共著
主婦の友社 Copyright 1982から転載

浮世絵の説明を外国人にしている祖父三原繁吉
（場所は銀座交詢社／国際文化振興会）

古今東西浮世絵數寄者總番附

東之方　西之方

蒙御免

行司　若井兼三郎　小林文七　宮武外骨　林忠正

世話役　金子孚水　井上雨石

勧進元　美術日本社

昭和十三年五月発行　版元　美術日本社

『季刊浮世絵』誌創刊号（昭和三十七年五月一日刊）

昭和十三年刊行の「浮世絵コレクター番付」
（松方さんの向うを張る張出横綱）

三原繁吉　子孫（概略）系図

（初版（2016）から転載－ほぼ全員故人）

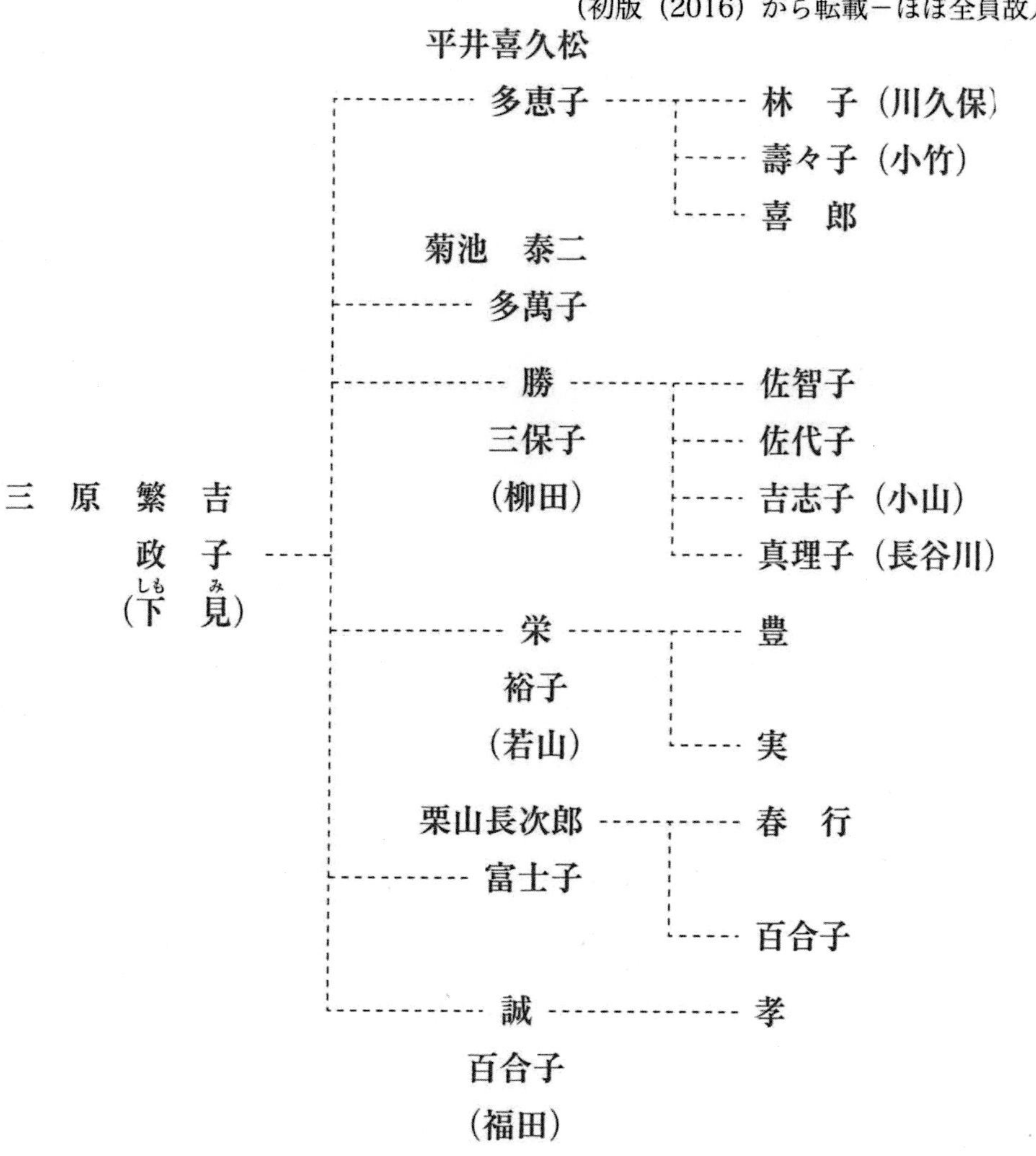

平井喜久松	（別項省略）
菊池　泰二	菊池正士東大教授の次兄　英国留学中病を得て客死
三原　勝	専修大学卒　大日本航空（JAL前身）で勤務
三保子	旧姓柳田　民族学者柳田国男長女
三原　栄	東北大学岩石鉱物学科卒　仏国ストラスブール大留学後 三菱金属鉱業（現三菱マテリアル）勤務
裕子	旧姓若山　北海道出身
栗山長次郎	東京日日新聞欧州特派員などを経て衆議院議員
富士子	コハンスキー先生につきピアニストを志望したが果たせず
三原　誠	北海道大学鉱山学科卒　石原産業勤務後海軍予備学生志願 空母瑞鶴など乗組　戦後石川島播磨造船（IHI）勤務
百合子	旧姓福田　東京都出身

（敬称略）

母の兄弟姉妹六人
前列　(平井)多恵子・(菊池)多萬子・(栗山)富士子
後列　勝・栄・誠　(大正初期)

深山幽谷ではなく庭の一部

戦時は逆順(誠海軍大尉、栄陸軍中尉、勝陸軍少尉)

祖母三原政子　母と私たち孫三人
昭和7年(1932)頃

以下は桐ケ谷移築後

芝生で姉寿々子と従妹三原佐代子

パイプを燻らす父と佐代子
背景はグランドピアノ

昭和十六年正月年賀に集合した一同

後列左から　三保子、誠、(小竹)寿々子、裕子、(川久保)林子、
平井多恵子・喜久松、(栗山)富士子、栄

中列　三原繁吉・政子祖父母、膝の上豊

前列　(小山)吉志子、(平井)喜郎、佐代子、佐智子。

女だけで十人そろいぶみ
(この辺に戦時中不発弾が落ちた)

青い壁紙の食堂にて。
手前の丸テーブルは子供専用

池上線五反田駅（山手線をまたぐ）昭和十一年頃
(新婚時代両親は近くに住んでいた)

この「豪邸」は残念ながら、終戦三ヶ月ほど前五月二十四日夜の空襲で焼失しました。三月十日の大空襲で下町が焼かれて以来寝間着など着られず枕元に防空頭巾を置いて寝ましたが、夜半に警報発令のすぐ後焼夷弾の降る嫌な音がし畑に数発落ちて発火、あわてて砂を掛けたが本当はローソクと同じで自然に消えた筈です。その内周囲の家がみな燃え出して、火の粉どころか野球ボール位ある「火の玉」が飛びかい炎が渦を巻き女子供（母、姉、中学三年生の私と未亡人の多萬子叔母）の手には余る状態、この時母と二人（自然と二人で組になる）防火に走り回るうち上空の音が只事でなく大変近く「近いぞ！」と二人で伏せた後、地震のような揺れにヤラレタと思ったのに……何事も起らず、不思議に思いながらその儘になり愈々「もう駄目だ逃げよう」となった時ふと見ると芝生に大穴があり、これ幸となけなしの持出し荷物を叩き込んで逃げ、後で取りに戻り「これ誰が掘ったの」と聞いても誰も答えず、よく見ると爆弾の羽根が見えて漸く先刻の音は不発弾が芝生にメリ込んだものと分りました。この穴で助かったものに「それルメーさんの贈り物？」と言うジョークが後日はやったが夜間焼夷弾攻撃の発案者ルメー将軍は当時子供にも名を知られた怨嗟の的で、極め付きのブラックジョークは戦後政府が将軍に勲章を贈った事と思うのは我々だけではないと思います。最後は畑に逃げて燃え落ちる我が家を眺める事になりましたがその寸前、恐らく麻布から移植した木斛（もっこく）の大木がそれまで周りから延びる焔を防いでいたのに、轟音と共に根元から梢まで一気に燃え上りたちまち崩れて灰になり、まるで落城の寸前に一方の砦を守る老将が「今はこれまで」と討死する姿の様で暫く唖然として眺めており印象に残っています。キヌ祖母上が芦屋の晴雄伯父を頼り関西に行かれて無人の隠居所も同じ運命で中国伝来の貴重な品々と祖父や父の蔵書もみな灰になり、ピアノの残骸が針金の塊になったのも印象的でしたが、母親は姉の嫁入り道具に買った瀬戸物が砕けたのを見て涙が止まらなかったそうです。

爆発したら恐らくよくて重傷を負ったはずの、十数メートルと離れない距離だった不発弾も当時は時限爆弾を疑うのが常識で、早々に文雄伯父の家が焼けてない事を頼りに（電話は不通）目ざす事にしました。

下目黒の文雄伯父の家は雅叙園近くですが、トボトボ歩く道筋の交番脇の担架の上に若い女性が寝ており、近付くと死体でした。当時でも死屍累々などいう所には近寄れず死体を見たのは三人目位でしたがショックは変らず、今でも当時より格段と立派な権の助坂下交番（下目黒交番）の脇を通ると記憶が戻ります。その夜また空襲で文雄伯父の家にも焼夷弾が落ちましたが、偶然帰宅中の晴彦中尉と「経験者」の我々が奮闘し何とか消止めて感謝されました……既に遠い記憶ですが。

焼出された我々の行き先は福島県（郡山近く）の遠縁の家ですが、山手線など到底動かず困っていた時救いの手を差し伸べて下さったのが「アラビア太郎」の異名を後に轟かした山下太郎さんで、当時は「満州太郎」とも呼ばれた程満州国と縁が深く（満鉄社屋建設とか）父ともかなり親交があった様で桐ケ谷の家で一度お目にかかった記憶もありますが、この時も木炭だきタクシーだったかと思い

別の所に落ちた二百五十キロ不発弾

ますが上野まで送って頂き、大変助かりました。後に私も石油屋になりアラビア石油で部下だった人に聞いた所「家族にまで細かく気配りする社長など山下さんだけだ」との事で例外的とは言えないにしても、今更ながら感謝する他ありません。余談になりますが同氏は「楠木正儀後裔」を自任しておられ、正儀は正茂の三男で父も果せなかった南朝の京都回復を二度も成し遂げた知られざる英雄ですが彼を題材にした小説「吉野朝太平記」（鷲尾雨工著）に「机下に呈す　正儀後裔　山下太郎」と署名して配られており（私も眼にしたが戦火で焼失）、この他にも氏は日本では数少ない企業家（entrepreneur）の半面慈善に近い社会活動にも熱心な方で北大の先輩でもあるのですが、私の石油業界入りと前後して死去されており当時若輩の私からとは言えこの時のお礼を言う機会を失したのは誠に残念です。

何とか福島県郡山近くの遠縁の農家にたどり着き、元馬小屋改造の一間で先に疎開していた三原繁吉・政子祖父祖母と同居生活に入りましたが、ノミの活躍に悩んでも空襲警報が鳴らぬ生活はまさに生返った気分でした。私は郡山の安積中学に転入の書類も貰っていたが父のいる新京（現長春）をめざす事になり結局手続きはせず毎日カエルとたわむれたり無為の生活（俄か百姓はモノにならず逆に願下げにされた）を続け、八月に入り新潟で白山丸と言う拉致被害で有名な清津（チョンジン）航路の船を待ったがアメリカ潜水艦が日本海にも跳梁してなかなか来ず（結果的には来なくて幸）その内ソ連参戦、広島に原爆投下となっては満州行きなど論外となり、福島に戻るべく駅に向かう所に今度は米艦載機の来襲で、万代橋の上を走って逃げ当時至る所にあった満員の防空壕に転げ込みズシン・バリバリという音に肝を冷やす始末。後年石油屋になり長岡鉱業所が最初の任地で、バイクで新潟駅近くを通ると恐らく帝石ビルの近くだった防空壕（無論跡形もない）の中で子供の泣き声「早く黙らせろ飛行機に聞こえる！」などと叫ぶ声が聞こえる様な気がしました。終戦五日前八月十日の出来事で、当時唐天竺に等しい満州サ行くがね……と鶏まで潰し壮行の宴をしてくれた所にまた舞い戻って来てしまいました。新京に廻ったかも知れない安積中学への転入書類を担任の福田陸太郎先生（英語）にお返しし附属中学に復学した時には感慨がありました。ちなみに附属中学は戦時中も英語の授業や野球部・蹴球（サッカー）部などの活動を休まず、終戦翌年には野球部は甲子園出場（準決勝で惜敗）蹴球部は宿敵五中や神戸一中を破り全国優勝の快挙をなしとげています（今は両部とも凋落）。

父と再会するまでは兎も角生延びるだけで精一杯の日々でしたが、豪邸などなくなっても五体満足だった事は神に感謝する他ありません。艦載機の機銃掃射にまで遭ったといえ直接戦闘に巻込まれずに済んだ事が幸運の第一で、ソ連兵や中国兵の銃口の下を潜った父の苦労（自分では一言も言いませんでしたが）は年月を経た今になっても今更ながら、思いやられます。

日比谷交差点視察中の東久邇宮
(戦後首相)背景に第一生命(戦後GHQ)

炎上する山水楼　左は東京宝塚劇場
(昭和二十年一月二十七日空襲)

石川光陽「昭和の東京」他から

あとがき

父喜久松の遺稿を活字にする宿願を漸く達成できた事に感慨を覚えております。私は長男ですが末っ子で、父とは四十五年もの年齢差がある上物心ついた頃の我が家には母方の祖父母や叔父叔母に女中さん（お手伝い）も含めれば二十人近くも住んでいて私からは誰も彼も目上に見え、父もその中の一人と言うのが正直な感覚でした。五歳の昭和十一年（１９３６）父は疑獄事件で留置所入りし無罪釈放となると今度は北京次いで満州国赴任と縁遠くなって、両親と水入らずの生活は十五歳の中学生になった戦後が初めてと言うめぐり合わせでしたし、父は寡黙な人で大変に口数は少なく私の方も遠慮した物言いで普通の親子関係とはかなり違っていたのかも知れませんが、特にそれで悩んだ覚えはないのでまあこんなものとお互い感じていた様にも思われます。ただ一々触れませんが知らぬ間に一種の尻拭いをしてくれていたり、指図がましい事は一度も言わないのに遠くから見守られているだけで安心できる様な人柄の父親でありました。この遺稿で初めて知った大坂や札幌で過した幼い頃の事など自伝として書いていた事に感動して、早く活字にしようと思いながら自分にかまけて今日まで遅れた事は私の怠慢であり、出版できた事でようやくあの世で父に会わせる顔が出来た様にも感じております。

出版に至る迄には多くの方々からご指導とご鞭撻を受けました。とりわけ鉄道総研の小野田　滋さんからは、親戚の集まる「いとこ会」に祖父晴二郎の業績を参考にする意向から出席されこの遺稿の存在を知られて以来強く出版を勧められた上今回は序文を頂く事となり、重ねて厚くお礼を申し上げる次第です。北海道職能開発大学の駒木定正教授からは祖父平井晴二郎の業績関連研究成果を頂き、東京都埋蔵文化財センターの福田敏一氏には祖父や父の一家が住んでいた汐留官舎の、解散した旧制一高同窓会の故大森義正兄（中学同期）からは一高関連のそれぞれ貴重な資料を頂きました。他にも一々お名前は上げませんが国鉄（現ＪＲ）や土木学会、東大土木教室など各方面から頂いた資料によりようやく自伝らしきものを書き上げられたことにお礼を申し上げると共に、有形無形のご支援ご鞭撻を頂いた「いとこ会」メンバー…故人が多くなったことは残念ですが…けじめに平井家や三原家など親戚の方々にもお礼を申し上げて一文を終りたく存じます。

なお付録として、祖父と祖母の祖先筋に当る平井家（樺木家）と牛窪家それに母の実家三原家のルーツなどを私の知る限りの資料によってたどりました。そして最後の部分で元三原家祖父祖母が建て後に両親と我々一家も共に住んだ家が戦災に遭う顛末をやや詳細に書きましたが、父の自伝と言う本来の趣旨から逸脱する嫌いはあっても戦火を経験した世代が消え去りつつある時代に生き残ったものの義務かと考えた次第で、ご了解頂きたく存じております。巻末にこれも蛇足ながら私の履歴書（祖母や両親の遺影も含む）を付けさせて頂きました。

焼けた道玄坂の渋谷東横劇場
（現東宝シネマズ渋谷）
昭和二十年五月末撮影

写真で綴る 私の履歴書

平井喜郎

昭和六年、私の生まれた家の住所は東京府下荏原郡戸越村だった由。竹やぶ、トーキビ畑でカクレンボ、凧あげなら空地やハラッパ、という環境。夏の夕方など〝蚊柱〟が立ち、それを追うコウモリを叩き落とそうとして「益鳥だからダメよ」と母に叱られた覚えがあります。

写真①が私の「現存する最古」のもの、ヌードで申訳ありません。生後六ケ月。②は満一歳で着衣もあり、二人の女性（姉）に囲まれご満悦。

もの心つく頃、住所は東京市荏原区、更に統合で東京都品川区平塚一丁目と段々味気なくなります。

現中原街道と東急池上線の間ですが区画整理が進み、家や工場がたちならび昔の面影はゼロです。もちろん昔がすべてバラ色の筈もなく、中学生だった昭和二十年には、コウモリどころか米軍爆撃機が空をとびかい、近辺では少し目立った鹿鳴館式(?)洋館の生家も焼失。古い写真も親類からカキ集めたものです。

③は旧制中学（現筑波大付属高）五年の頃、左から父（南満州―現中国東北―鉄道勤務中終戦、三年程抑留され帰国したばかり）、母、元治（明治より前の年号）元年生まれ、九三まで生きた祖母。（私の他は故人）

④は昭和二六年頃、北大サッカー部時代、後列右端が私。中学―高校(旧)―大学―OB会で今年春、張切りすぎてアキレス腱を切るに至るまで、ア式蹴球（サッカー）との縁も約半世紀です。観戦ならアメフトが断然面白いと思いますが。

⑤は一足とびに結婚披露宴、三〇代なかばと晩婚でした。この間、つまり大学院も含め長い札幌時代、二年余りの英国（アバディン）留学、SK（石油資源開発）時代が欠落しているのは差障りあってではなく、

④ ② ① ⑤ ③

収納場所の関係（アキレス腱リハビリ中の足では届かない）からです。

⑥は石油公団ヒューストン勤務の昭和五〇年クリスマス頃、一挙に家族が六人（後列左端の人はビジター）にふえています。

⑦は徳永公団総裁（当時）と、ディンゲル下院議員をはさみ、ワシントンで（昭和五三年）。右端の前田公団ワシントン所長（当時）とは、INOCO（日本インドネシア石油協力）出向後にまで御縁がつづきました。

⑧はINOCOジャカルタ所長の昭和五九年頃、家族とジョクジャカルタの遺跡で。男女二人ずつの子等の内二人はとも角社会人（長男さくら銀行）ですが下二人は依然スネカジリで、アキレス腱もその為切れたのかも。

⑨は昨年夏、五年半に亘るアブダビ勤務最後の送迎パーティー。マズルイさん、新GM稲原夫妻等と共に。

⑩はアブダビで復活（昔は山歩きの際イワナ位）した趣味の沖釣りで、ハムール（この後西田社長一行の食膳に上る）を釣り上げ得意満面の所。

かけ足、時にはビッコ(?)を引いた履歴書となってしまい恐縮ですが、以上で拙ない報告を終ります。

（常務取締役）

⑦

⑥

⑩

⑧

⑨

【写真説明】

表紙の灰皿は、父喜久松の唯一贅沢な趣味だった葉巻のラベルを母がガラスの灰皿に張合わせたもので、今に一つだけ残る両親合作の作品です。今ではスモーカーの旗色が悪いが昔葉巻の芳香は家に幸福感を漂わせており戦時中は中断し戦後暫くして復活した時はもはや戦後でなくなった実感がありました。

口絵にある祖父晴二郎の還暦記念写真の裏書きには大正八年（1919）二月八日於大松閣とあり判明している名前は前列左から三番目伊庭フサ、以下朝倉ミヤ、平井武雄と晴一、平井キヌ祖母上と晴彦、恒子と勇次、成瀬シカ、平井ユキ、一人飛んで平井政子中列は二番目伊庭琢磨、二人飛んで成瀬正忠、平井晴雄、一人飛んで平井喜久松、朝倉傳次郎。後列左端は服装から大村齊さんか、中央掛け軸の前祖父平井晴二郎。

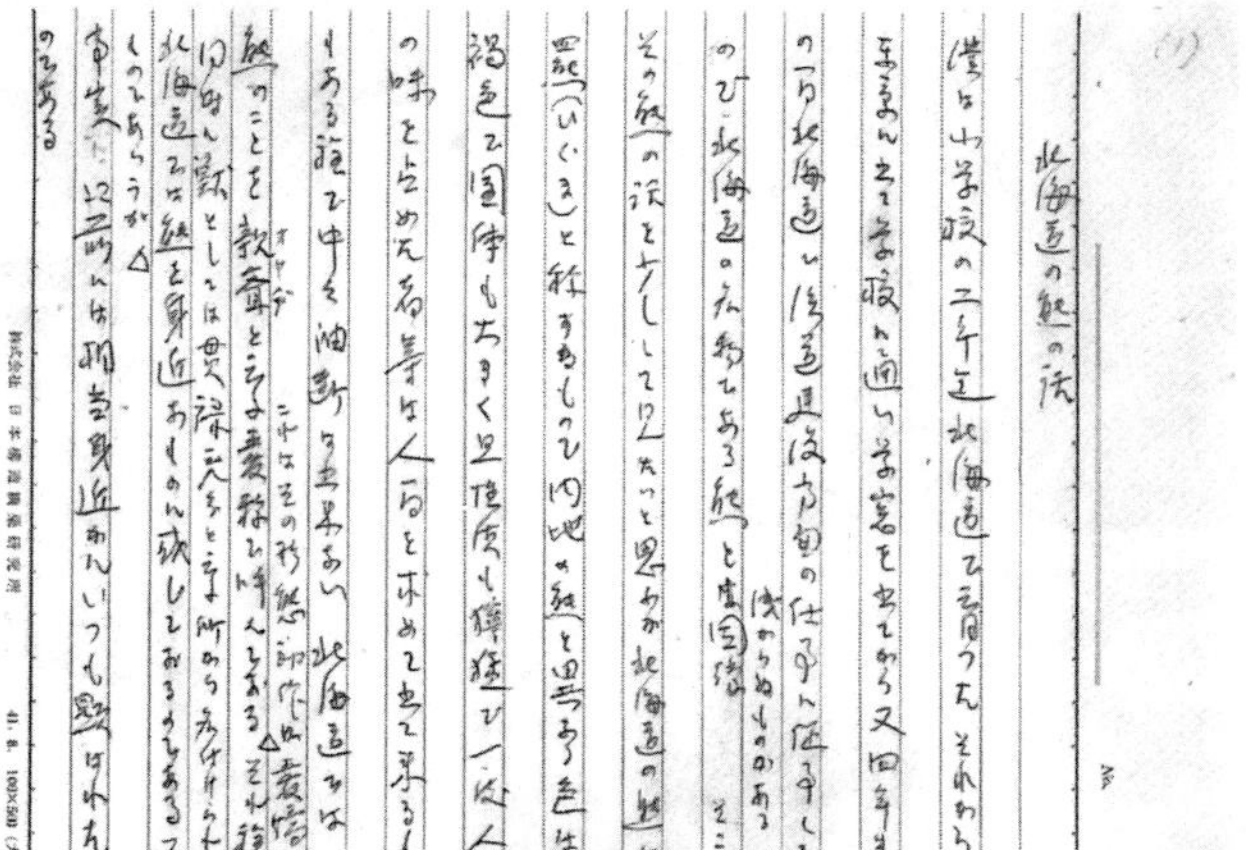

父の筆跡「北海道の熊の話」執筆時期は不明
未発表に終わったようだが校正の跡がかなり多い

思い出すまま
わが父平井喜久松

2023年9月30日発行　著　者　平井喜郎
発行者　向田翔一

発行所　株式会社22世紀アート
〒103-0007
東京都中央区日本橋浜町3-23-1-5F
電話　03-5941-9774
Email: info@22art.net　ホームページ：www.22art.net

発売元　株式会社日興企画
〒104-0032
東京都中央区八丁堀4-11-10 第2SSビル6F
電話　03-6262-8127
Email: support@nikko-kikaku.com
ホームページ：https://nikko-kikaku.com/

印刷
製本　株式会社PUBFUN

ISBN：978-4-88877-259-4